Aleister Crowley
e
Dion Fortune

O Logos do Aeon e a Shakti da Era

Alan Richardson

Aleister Crowley
e
Dion Fortune

O Logos do Aeon e a Shakti da Era

Tradução:
Ana Verbena

Publicado originalmente em inglês sob o título *Aleister Crowley and Dion Fortune: The Logos of the Aeon and the Shakti of the Age* por Llewellyn Publications, Woodbury, MN 55125, USA. <www.llewellyn.com>.
© 2009, Alan Richardson.
Foto de Aleister Crowley, cortesia de William Breeze, da Ordo Templi Orientis (O.T.O).
Direitos de edição e tradução para o Brasil.
Tradução autorizada do inglês.
© 2010, Madras Editora Ltda.

Editor:
Wagner Veneziani Costa

Produção e Capa:
Equipe Técnica Madras

Tradução:
Ana Verbena

Revisão da Tradução:
Camila Zanon

Revisão:
Flávia Ramalhete
Sônia Batista
Vera Lucia Quintanilha

Dados Internacionais de Catalogação na Publicação (CIP)
(Câmara Brasileira do Livro, SP, Brasil)

Richardson, Alan
Aleister Crowley e Dion Fortune: o logos do Aeon e a Shakti da Era/ Alan Richardson; tradução Ana Verbena. – São Paulo: Madras, 2010.
Título original: Aleister Crowley and Dion Fortune.

ISBN 978-85-370-0629-0

1. Crowley, Aleister, 1975-1947 2. Fortune, Dion, 1890-1946
3. Magia 4. Mágicos - Grã-Bretanha - Biografia
5. Ocultismo 6. Ocultistas - Grã-Bretanha - Biografia I. Título.

10-10747   CDD-133.092

Índices para catálogo sistemático:
1. Magos: Biografia 133.092
2. Ocultistas: Biografia 133.092

É proibida a reprodução total ou parcial desta obra, de qualquer forma ou por qualquer meio eletrônico, mecânico, inclusive por meio de processos xerográficos, incluindo ainda o uso da internet, sem a permissão expressa da Madras Editora, na pessoa de seu editor (Lei nº 9.610, de 19.2.98).

Todos os direitos desta edição, em língua portuguesa, reservados pela

MADRAS EDITORA LTDA.
Rua Paulo Gonçalves, 88 — Santana
CEP: 02403-020 — São Paulo/SP
Caixa Postal: 12183 — CEP: 02013-970
Tel.: (11) 2281-5555 — Fax: (11) 2959-3090
www.madras.com.br

Índice

Sobre Este Livro 9
Prólogo 13

Capítulo Um:
Mortes e Além 17

Capítulo Dois:
A Guerra entre Dois Mundos 39

Capítulo Três:
Sacerdotes e Sacerdotisas 69

Capítulo Quatro:
Os Templos e Suas Verdades 95

Capítulo Cinco:
Iniciações e Outros Despertares 127

Capítulo Seis:
Reencarnar e Outros Traumas 153

Capítulo Sete:
Vidas Passadas e Futuros Semelhantes 169

Posfácio 173
Apêndice A 179
Apêndice B 189
Bibliografia Selecionada 195

Aleister Crowley

Dion Fortune

Sobre Este Livro

Esta é uma biografia comparada de dois dos mais importantes magos do século XX. Ela mostrará como ambos nos influenciam até hoje, quer percebamos isso ou não.

A intenção não foi escrever uma biografia completa, mas uma série de ensaios com base em temas. Aleister Crowley* e Dion Fortune foram unidos por um único facho de luz – a Magia – e suas vidas deram voltas, viraram de ponta-cabeça e se cruzaram muito cedo e depois mais tarde, como se cruzam as serpentes gêmeas do caduceu. Ambos frequentemente se espelhavam um no outro, unindo-se, por vezes; e sempre se equilibrando. O que eu fiz foi examinar a explosão, tão esplendidamente visível ao final da vida dos dois, no topo do caduceu; então, tentei localizar a coluna central de luz mágica no solo do nascimento de ambos, para ver onde estava enraizada.

Em 1911, Crowley escreveu um livro chamado *Liber Thisarb*. Thisarb, explicava ele, é Berashith transliterado ao revés – é a primeira palavra da Bíblia, e significa: "E no início..." No livro, ele mostrava como treinar aquilo que denominava Memória Mágica por meio da reversão consciente da ordem do tempo, recordando-se de eventos de trás para a frente, como assistir a um filme do fim ao início. Assim, esse livro, que é tanto sobre Crowley quanto sobre Dion Fortune, utiliza-se da mesma técnica. Os detalhes históricos e biográficos não são, portanto, apresentados de forma sequencial, e a história deles é contada a partir de suas mortes avançando até o momento de seu nascimento – e além. Ao aprender sobre eles dessa forma, o leitor perceberá sua própria mente sendo esticada, assim como informada. Os ritmos surpreenderão, e ocasionalmente soltarão faíscas, mas também irão estimular de maneiras que qualquer estudante sério de Magia poderá reconhecer e apreciar. No final, os temas e as imagens ganharão vida na psique dos leitores, e seu próprio potencial para a Memória Mágica se desenvolverá de forma considerável.

Em outras palavras, como poderia ter dito Dion Fortune, este livro foi feito para treinar a mente, e não só para informá-la.

---

* N.E.: Sugerimos a leitura de *Aleister Crowley e a Prática do Diário Mágico*, de James Wasserman, e *Aleister Crowley e o Tabuleiro Ouija*, de J. Edward Cornelius, ambos da Madras Editora.

É impossível ser objetivo quando se escreve sobre qualquer pessoa – então tentei ser justo. Entretanto, apesar da minha profunda fascinação e admiração por muitos dos aspectos daquele fenômeno conhecido como "Aleister Crowley", meu caso de amor com "Dion Fortune", coisa de uma vida inteira, pode me ter feito pender para o lado dela. Há sempre o perigo de somar dois mais dois e o resultado ser 93. Os leitores devem ajustar sua própria balança da verdade e julgar-me de acordo.

Como escreveu uma vez L. P. Hartley: "O passado é um país estrangeiro". Então, deve-se notar que o país ao qual olhamos neste livro se estende não só através do tempo, mas em diferentes dimensões, e os habitantes têm costumes, atitudes, leis e jeitos de pensar que nos podem parecer estranhos, ou mesmo repulsivos, hoje em dia. Mas é o país deles, estavam apenas vivendo a seu próprio modo, e devemos respeitar.

Por fim, várias pessoas me ajudaram bastante na busca pelos fatos e informações obscuros para este projeto, mesmo não tendo necessariamente concordado com o uso que fiz deles, ou, ao que parece, mesmo não tendo concordado muito entre si: Simon Buxton, Gareth Knight, David Young, William Breeze, Nick Farrell, Maria Babwahsingh, Clive Harper, Jerry Cornelius, Kenneth Grant, Dolores Ashcroft Nowicki, Jo Barnes, R. A. Gilbert, Peter Yorke e Laura Jennings-Yorke – e outros que preferiram que eu não mencionasse seus nomes. Por fim, agradeço principalmente à minha esposa Margaret, e às minhas filhas Zoe, Kirsty, Jade e Lara. Obrigado a todos por sua paciência e bondade.

Prólogo

Eles morreram com dois anos de diferença entre si: ela, no Hospital de Middlesex cercado por densa neblina, em meio à destruição causada pelos bombardeios em Londres durante os seus anos de guerra; ele, no ar salgado pelo mar de Hastings, em uma grande e refinada pensão com o evocativo e curiosamente apropriado nome de Netherwood.*

Quando ela morreu, em 8 de janeiro de 1946, levada por uma leucemia mieloide aguda, foi de forma inesperada. Era jovem ainda (apenas 55 anos) e tinha vivido uma vida equilibrada: havia tido alimentação saudável, feito exercícios apropriados em várias dimensões e se envolvido em atividades mentais estimulantes junto a seres espirituais elevados, além de ter escrito um livro sobre a natureza da Pureza.

Quando ele morreu de uma infecção pulmonar, em primeiro de dezembro de 1947, não era amado de nenhuma forma usual por ninguém, e ninguém se surpreendeu com sua morte. Na verdade, ficaram espantados por ele ter durado tanto tempo. Tinha 72 anos, sua vida havia sido de aventura, indecência e excesso; havia lutado com demônios do mais tenebroso tipo; a imprensa o havia chamado de O Homem Mais Perverso do Mundo; até que, finalmente, seu corpo destruído pelas drogas não resistiu.

---

* N. T.: Em inglês, a palavra "nether" refere-se a algo "oculto, sob", ou aos "mundos inferiores". Assim, "Netherwood" seria algo como "floresta oculta", ou "floresta dos mundos inferiores".

A preocupação dele ao receber a notícia da morte dela foi bastante breve e fria. Perguntou-se o que poderia ser feito quanto aos seguidores dela. Seus próprios seguidores estavam rareando, e ele teria apreciado herdar alguns dos dela. Mas nada desse tipo aconteceu. A herança dela para ele não foi óbvia. Aos olhos da história, os espíritos de ambos – que nunca haviam parecido particularmente próximos – divergiam.

Deve-se dizer que nunca foram amantes. Encontraram-se apenas nos últimos anos. Em uma época em que o telefone era ainda uma espécie de raridade, e as entregas pelo correio impressionantemente frequentes, a correspondência deles havia sido vivaz, mas nunca romântica, nem profunda. Quase nada restou das cartas.

Na verdade, eram ligados pelo contato psíquico mútuo com um ser não humano das profundezas tanto da psique humana quanto do espaço interestelar. Se tivessem se encontrado quando ela ainda era uma jovem e fértil sacerdotisa, e ele um Pan Ithyphallus, ele poderia ter tentado infligir nela o Beijo da Serpente – mordendo-lhe o lábio inferior – subjugando-a sob seu poder completamente amoral. Ela poderia ter se tornado sua discípula. Por outro lado, é bem provável que ela se revelasse muito mais do que ele poderia encarar, e ambos provavelmente sabiam disso.

Então, nunca se aproximaram de qualquer forma terrena, nem praticaram magia na privacidade do quarto dele em Hastings; e ele nunca – de *jeito nenhum* – teria sido autorizado a cruzar o batente da porta dos templos privativos dela em Londres e Glastonbury.

Mesmo assim, apesar de tudo isso, Aleister Crowley e Dion Fortune produziram entre si algo extraordinário, que afetou a todos nós no século XXI.

Eles produziram um Aeon...

Capítulo Um

Mortes e Além

Se pudéssemos ter seguido suas almas após a morte, nós as veríamos esperando em um lugar de luz branca que a tradição oriental denominou *kama loka*, ou Plano do Desejo. É um lugar em que cada um deles iria rever, como em uma tela de cinema, tudo o que fizeram, e teriam a chance de decidir quais ajustamentos poderiam ser feitos para suas próximas vidas na Terra. Não temos como saber o que as almas de Aleister Crowley e Dion Fortune viram e sentiram quando passaram por esse processo inevitável, mas podemos tirar nossas próprias conclusões a partir das vidas uma vez vividas, e retroceder até a fonte. Esse é um caso de "murchar até a raiz", parafraseando o poeta W. B. Yeats – ele mesmo um mago competente.[1]

O fato é que, ao menos superficialmente, pode ter havido poucas pessoas como Aleister Crowley e como aquela mulher que utilizava o pseudônimo de "Dion Fortune" em seu livros. Ele era bastante conhecido por muitos nomes e títulos, incluindo Mestre Therion, Perdurabo, Baphomet e a Grande Besta; ela se contentava em utilizar seu nome de casada, Violet Evans, embora fosse invariavelmente chamada "Dion" em seu estreito círculo de relações; às vezes se referiam a ela como DF.

Ele, como já observamos, era visto pela maioria como um indivíduo tenebroso e extremamente brilhante. Ela era vista em seu círculo estreito, quase local, como alguém que tinha luz interior, mas que carregava dentro de si pedaços de escuridão. Um cortejava a publicidade sempre que podia. A outra fugia dela. Quando ele morreu, a notícia

---
1. Do poema de Yeats "The Coming of Wisdom with Time" [A Vinda da Sabedoria com o Tempo] (1910).

correu o mundo e muitos respiraram aliviados. Afinal, por décadas ele havia sido violentamente tachado de "O Homem Mais Perverso do Mundo" pela imprensa internacional, e muitos acreditavam nisso. Ela, por outro lado, era conhecida em seu limitado círculo de seguidores como uma verdadeira Sacerdotisa da Lua, que sofreu uma morte silenciosa, mas radiante, na qual ninguém de fora do círculo prestou muita atenção.

Ninguém sabe quais foram as últimas palavras dela, mas a iminência da morte não teria perturbado uma mulher que trabalhara por anos como médium poderosa, e que escrevera um livro chamado *Através dos Portais da Morte*. Nele ela descrevia como o Adepto encontraria sua morte:

> Quando chega o tempo de o adepto partir, ele invoca os entes mais queridos para que tornem sua partida mais fácil e o acompanhem nos primeiros estágios de sua jornada. Aqueles que podem vir na carne juntam-se à sua volta; os que não podem se aproximam pela projeção astral; e aqueles que já passaram pelos Portais são também invocados para que retornem e esperem aquele que irá atravessar o limiar.[2]

Ela havia explorado os planos interiores durante grande parte de sua vida, e então sabia o que fazer e onde ir uma vez que desse seu último suspiro. Em contraste, as últimas palavras de Crowley podem ter sido tanto "Estou perplexo" como "Às vezes eu me odeio". Por outro lado, Deirdre MacAlpine, que visitou Crowley com o filho que tivera com ele e o encontrou alegre e falante, relatou que houve uma repentina lufada de vento e um sonoro trovão no momento em que ele morreu, em silêncio; ela disse ter sentido que os Deuses lhe davam boas-vindas de volta ao lar. A grande médium Eileen Garrett acrescentou que: "Alguns dos seguidores mais fiéis que haviam ficado com ele até o fim me asseguraram de que seu corpo reluzia intensamente na hora de sua morte".[3]

---

2. Dion Fortune, *Through the Gates of Death*, p. 93. Publicado pela primeira vez em 1932. (N. T.: A Editora Pensamento publicou esse livro em português com o título *Através dos Portais da Morte*.)
3. Eileen Garrett, *Many Voices: The Autobiography of a Medium* (New York: Putnam, 1968), p. 60.

Mortes e Além

Crowley foi cremado em Brighton, cidade costeira ao sul da Inglaterra que hoje em dia tem reputação de ser a capital gay daquele país. Uma dúzia de pessoas apareceram na cerimônia, que foi descrita por uma testemunha anônima e um tanto esnobe como "estranha mistura de sobretudos amassados, tosses, cachecóis de cores vivas, além da falta de bons cortes de cabelo e aquele indefinível cheiro que remetia à Charlotte Street e ao Soho".[4] Um dos presentes era Louis Wilkinson, que leu em tons maravilhosamente modulados o "Hino a Pã", os "Hinos e Coletâneas" da *Missa Gnóstica*, bem como trechos selecionados do *Livro da Lei*. Embora o falecido se descrevesse como poeta, sua obra mais efetiva foi possivelmente o "Hino a Pã", que abria soberbamente da seguinte forma:

Emociona-me com a esguia luxúria da luz, Ó homem! Meu homem!
Vem veloz, saído da noite
De Pã! Io Pã!

Essa, como se pode imaginar, não foi a mais cristã das despedidas. Pouco depois da cremação, um jovem escritor chamado James Laver comentou com Wilkinson: "Sabe, eu gostaria de escrever sobre a vida de Crowley, agora que ele está seguramente morto". Wilkinson se virou lentamente para encará-lo e perguntou: "Ah... Mas o que você quer dizer com 'seguramente morto'?"[5]

Não restaram detalhes sobre o funeral de Dion Fortune; mesmo assim, apesar de sua avassaladora tendência ao Paganismo nos últimos anos de vida, pode-se imaginar que a cerimônia funerária teve ênfase cristã graças à influência de seu sucessor Arthur Chichester, que fora treinado pelos jesuítas e a quem ela considerava seu Sacerdote Solar. Sendo alguém que sempre lutara contra a androginia existente no espírito humano e talvez em si própria, era apropriado que ela morresse em um hospital londrino que tinha o apropriado nome de "Middlesex Hospital" [trocadilho: "middle" = "meio"; "sex" = "sexo"]. De lá o corpo foi levado até Glastonbury em Somerset, indo simbolicamente

---

4. O relato integral pode ser lido no website da LAShTAL [*home page* da Aleister Crowley Society], em http://www.lashtal.com/nuke/module-subjects-viewpage-pageid-74.phtml (acessado em 31 de julho de 2009).
5. Ver *Red Flame*, website de Jerry E. Cornelius, http://www.cornelius93.com/. Informações encontradas nesse website foram reproduzidas aqui com a permissão do sr. Cornelius.

na "direção oeste": diz-se que grandes personagens das mitologias céltica e egípcia iam para o oeste após o fim da vida e o cumprimento de suas missões. Ela foi enterrada no cemitério construído em St. Edmunds Hill, ao longo da Wells Road, a cinco minutos de caminhada do centro de Glastonbury.

Dessa vez, Crowley ao menos estava "seguramente morto", como observara o jovem James Laver. Dezessete anos antes ele havia forjado sua própria morte, deixando a caixa de cigarros e um bilhete de suicídio escrito à mão na beira de um penhasco acima da Boca do Inferno, uma temível ravina que conduzia ao mar entre Sintra e Estoril, perto de Lisboa. Pode ter sido uma tentativa de tirar os vários credores de suas costas e melhorar a venda de seus livros; pode ter sido parte de uma contribuição de longa data aos serviços da Inteligência Britânica, que permitiu que ele pudesse descansar no *resort* de Cascais, ali perto, sem chamar a atenção dos alemães influentes que ali pululavam e que ele teria a missão de espionar; pode ter sido simplesmente uma tentativa de escapar de uma amante, chamada Hanni Jaeger, que ele havia descartado. Houve rumores na imprensa francesa de que ele teria sido morto por assassinos do vaticano. Um grupo de seus seguidores na Inglaterra fez uma sessão espírita para tentar contatar seu espírito do outro lado. Crowley havia na verdade se esgueirado pela fronteira para dentro da Espanha, onde se divertiu ao ler os relatos sobre seu suicídio nos jornais.[6]

Poder-se-ia supor que o falecimento de Fortune em 1946 fosse tão certo quanto o de Crowley no ano seguinte, mas uma fonte confiável insistiu em me dizer que, quando era jovem, a conheceu entre 1949 e 1950, quando praticaram um tipo bastante diferente de magia, e que ela havia forjado a própria morte três anos antes para escapar da atmosfera restritiva do grupo que havia fundado. Eles se conheceram em Londres e tiveram relações sexuais em Kewstoke e Uphill, em Somerset – pequenas vilas próximas a Weston-super-Mare, onde ela passara a infância. Viajaram como tia e sobrinho, e seu relacionamento era estritamente sexual – embora afetuoso. Após seguirem cada um seu próprio caminho, porque ele estava prestes a se casar, nunca mais a viu e não faz ideia de onde ela finalmente morreu.

---

6. Richard B. Spense, *Secret Agent 666: Aleister Crowley, British Intelligence and the Occult* (Port Townsend, WA: Feral House, 2008), p. 215.

Se esse espantoso relato for verdadeiro, então ela deve ter copiado de forma inconsciente a tática de fuga temporária criada por Crowley, da qual ela deve ter ouvido falar na época. Vale dizer, entretanto, que apesar da sinceridade inquestionável do idoso informante, não há absolutamente qualquer prova de que tudo isso realmente aconteceu. Por outro lado, também não há provas de que não tenha acontecido, apesar da investigação completa que fiz em várias localidades. Na verdade, não é relevante se ela morreu em 1946 ou se viveu além dessa época e teve aventuras e um tipo bem diferente de vida no oeste da Inglaterra; o que de fato importa é:

Assim como o mito de Crowley é bem mais importante e poderoso do que a frequentemente sórdida realidade do homem, esse relato segundo o qual Dion Fortune existiu para além da data aceita a coloca no patamar de todos aqueles Reis e Rainhas que nunca de fato morreram, mas continuaram vivendo de outra forma, seja neste mundo ou no além. A esse respeito, o mito de uma Dion Fortune ressuscitada é completamente relevante e quase necessário, independentemente da realidade histórica.

Na verdade, as lendas sobre esses dois asseguraram que de certa forma a existência deles hoje em dia seja mais efetiva do que a que tinham quando vivos. Que não haja dúvidas... Crowley, o Mago, tinha bem pouco a ver com Crowley, o Homem, e é o primeiro que deveria nos inspirar, enquanto que o segundo demonstra o "Terrível Aviso" sobre o que não fazer. A mistura de Violet Evans com a atmosfera de sua criação ficcional, "A Sacerdotisa do Mar", confere a ela uma égide poderosa capaz de influenciar-nos em níveis interiores até hoje.

Aleister Crowley e Dion Fortune podem ter sido – na superfície – indivíduos bastante diferentes, mas que, como veremos, estavam ligados por um fator: praticavam Alta Magia ("magia", "mágica" ou como você preferir) de forma visceral, a cada momento de cada dia de suas vidas. Nunca se comprometeram, nunca se venderam, e de formas sutis conseguiram transformar a consciência de gerações ainda por nascer. Não é que fizessem parte de um complicado quebra-cabeças que por acaso tivesse duas peças que se encaixassem, mas sim que tinham as elegantes curvas e harmonias que, para o resto de nós, formaram um *Yin-Yang* de significância cósmica.

Definições

Então, como definimos esses títulos de "O Logos do Aeon" e "A Shakti da Era"? O que queremos dizer com eles, e como – ou por que – se aplicaram a esses dois mortais?

Crowley, que não era muito de modéstia ou de medir palavras, descrevia-se como um Profeta que havia sido "... escolhido para proclamar a Lei que determinaria os destinos deste planeta por uma era". Em termos simples, o Cristianismo já tinha acabado. A Grande Besta, como ele às vezes se autodenominava, acreditava ser o arauto de outra era conhecida como O Aeon de Hórus. A "Palavra" mística desse Aeon era Thelema, palavra grega que significava Vontade. No sistema de Crowley, ela também era relacionada a Ágape, palavra grega que significava Amor. A mensagem de Thelema é perfeitamente expressa por dois decretos famosos: "Faz A Tua Vontade, este é o todo da Lei". A esse primeiro, a resposta deveria ser: "Amor é a Lei; Amor sob a Vontade".

Em suas *Confissões*, ele descreveu esse Novo Aeon que havia inaugurado, e, para ele, o Aeon de Hórus (A Criança Coroada e Conquistadora), mesmo sofrendo de espasmos de paixão transitória, acabaria libertando a humanidade de seu altruísmo de fachada, de sua obsessão pelo medo e da importância excessiva que dá ao pecado. Mais que isso: seria visto como um ser sem consciência, cruel, dependente, afetuoso e ambicioso. Ele aconselhava a qualquer um que quisesse compreender melhor o Aeon que muitas de suas características poderiam ser encontradas ao estudar os estigmas da psicologia infantil, e concluía: "E se ele tiver qualquer capacidade para compreender a linguagem do simbolismo, ficará embasbacado com a forma adequada e acurada com que se resume o espírito do Novo Aeon no *Livro da Lei*".[7]

Então, nas palavras de Crowley, um Aeon era um período de tempo governado por um deus específico – nesse caso, Hórus. Mas sendo ele uma velha alma de coração gnóstico, também teria considerado as ideias de Valentinus sobre o assunto.

Valentinus foi o mais proeminente e influente dos cristãos gnósticos da história, e parece ter estudado com o lendário Basilides em Alexandria; também recebeu ensinamentos secretos de um certo

---

7. *The Confessions of Aleister Crowley*, capítulo 49.

Theodas, suposto discípulo de São Paulo. Seu sistema desenvolveu um modelo altamente complexo do universo em que cada um dos 15 sucessivos níveis de emanação (Aeons) ocorriam como um *syzygy*, par masculino-feminino.

A Divindade suprema se chamava Bythos (Profundidade), que está envolto em Sigê (Silêncio). Por meio da interação entre Bythos e Sigê, emanava o primeiro *syzygy* dos Aeons, Nous/Alêtheia. Deles nasceu o segundo *syzygy*, chamado Logos/Zoê, ao qual se seguiu Anthrôpos/Ekklêsia. E assim por diante.

Isso pode ser tão complexo que embaralha a mente, mas podemos colocar de forma mais simples: do profundo e silencioso coração do nada emergiu o Intelecto e a Verdade, que criaram a Palavra e a Vida (Logos e Zoê), que criaram o Homem e a Igreja.

Em um sentido crowleiniano, se podemos usar esse termo, o Logos precisa de uma companheira. Para ele, a verdadeira parceira do Logos era a Mulher Escarlate (de quem falaremos depois), mas Valentino, com sua ideia de *syzygy*, estava mais certo do que a Besta: é preciso dar vida à palavra, senão ela é apenas ruído. Da mesma forma, se a vida não pode se expressar, então é apenas carne morta.

Portanto, pode-se argumentar que foi Dion Fortune quem se tornou a Zoê do Logos de Crowley na corrente mágica gnóstica canalizada pelo par.

E o que é a "Shakti da Era", quando especificamente aplicada ao aparelho conhecido por Dion Fortune?

É o grande poder do Tempo, criando as diferentes épocas mundiais pelas quais passa a humanidade durante os longos ciclos de evolução cósmica. É o poder do Tempo que leva a humanidade de um mundo a outro, trabalhando para sustentar a energia espiritual do planeta nas eras de luz e escuridão. Em outras palavras, o homem produziu todos os ruídos, mas foi a mulher quem fez as coisas acontecerem. É possível ter um vislumbre disso no romance *Moon Magic* [Magia da Lua] que ela escreveu; nele, a grande sacerdotisa Vivien Le Fay Morgan usa seu poder para libertar o pobre Rupert Malcolm, indivíduo sexualmente frustrado e torturado pelas agonias de uma vida – e, ao fazê-lo, ela liberta também a humanidade.

Embora a voz da senhorita Morgan fosse aquela de uma adepta de Dion Fortune a plenos poderes, as frustrações descritas – de caráter sexual – haviam sido tiradas daquelas tidas pela mortal Violet Firth, conforme a personagem de Fortune pensa no completo desperdício e inutilidade, na absoluta tolice que havia sido exigida do dr. Malcolm pelo moralismo convencional. Ela pensa na miséria, no desespero e na completa tortura que as convenções e superstições humanas haviam infligido nele, e então a grande Sacerdotisa da Lua resolve lidar com isso em termos mágicos. Nas horas de poder e emoção intensos em seu templo da lua, com o rio Tâmisa transbordando do lado de fora, a magia que ela faz para todos os homens torturados e agonizantes como ele entra na mente coletiva da raça e passa a funcionar sutilmente. "Existe liberdade no mundo hoje por causa do que eu fiz naquela noite, pois abriu a primeira rachadura na barreira e as forças começaram a se movimentar, canalizando e erodindo conforme fluíam por tudo, até que a força das águas veio inundando como a explosão de um dique, e toda a resistência se desfez."[8]

Embora fosse ficção, não havia dúvidas de que fora baseada em trabalhos mágicos bastante reais. A seu modo, Aleister Crowley e Dion Fortune derrubaram barreiras por nós todos.

Mas ao contrário de Crowley, que alegremente tomava para si qualquer título pomposo, Dion nunca se viu como a Shakti da Era – embora soubesse que era um pouco diferente. E Crowley também não aplicou esse título a ela. Na verdade, ela teria odiado qualquer descrição do tipo. Mesmo assim, em 1943, escreveu o seguinte com relação ao papel de sua Fraternidade:

> Nós somos do mundo, mas não estamos nele. Não podemos ser outra coisa que não parte de nossa raça e época enquanto habitamos o tempo e o espaço; e ainda assim, mentalmente, aqueles que aceitam o viés da Fraternidade e foram treinados em suas disciplinas até que

---

8. Dion Fortune, *Moon Magic: Being the Memoirs of a Mistress of That Art* (York Beach, ME: Red Wheel/Weiser, 2003), p. 179-180. Publicado pela primeira vez pela Aquarian Press, em Londres.

esse viés guiasse suas vidas, não são parte da era em que vivem, mas de uma era que está para surgir.⁹

Ela tinha suas próprias ideias quanto à era que viria. É possível que Crowley esperasse que ela usasse o termo Aeon, com tudo o que ele implica; mesmo assim, ela preferia pensar em termos da Era de Peixes dando lugar à Era de Aquário, o que em si era um conceito bastante radical para a época. Em carta datada de 17 de janeiro de 1944, ela escreveu ao amigo "HF", que também lhe aconselhava nas questões legais:

> Na Era de Aquário, acredito eu, haverá um alto grau de individualização combinado com alto grau de integração social. Isso só poderá ser alcançado se cada indivíduo tiver um forte senso de dever social; se cada cidadão disser, no sentido mais verdadeiro: "L'etat, c'est moi".* Podemos julgar se uma ação é certa ou errada dispondo-a em uma linha reta e perguntando-nos o que aconteceria se todo mundo a realizasse. (...) Agora acredito que a evolução seja iniciada pelos indivíduos que vivem de acordo com os princípios da nova era. Eu e meu grupo tentamos viver como Aquarianos (...).¹⁰

Ela continuava insistindo que embora haja certos padrões que são eternos, como a verdade e a honestidade, há outros que mudam junto com a era em transição: as qualidades que fazem de um homem bom cidadão em tempos de guerra podem fazer com que pareça um gângster em tempos de paz; ao mesmo tempo em que as qualidades que fazem dele um bom cidadão em tempos de paz podem fazer do pobre coitado um estorvo em tempos de guerra. Talvez se mirando no exemplo do próprio senhor da trevas, Crowley, ela tenha notado que diferentes condições criam diferentes exigências, e as qualidades que constituem um bom cidadão mudam com a mudança dos tempos.

---

9. Dion Fortune, *The Magical Battle of Britain*, editado por Gareth Knight (Bradford on Avon, UK: Golden Gates Press, 1993), p. 104.
* N. T.: Frase atribuída ao rei absolutista Luís XIV, da França. Em português: "O Estado sou eu".
10. Carta da coleção pessoal de Maria Babwahsingh, cedida gentilmente pela sra. Babwahsingh.

Assim como não é fácil perceber que uma era já passou até que ela tenha terminado há tempos, só o retrospecto pode revelar de que ela era constituída. Nos anos após sua morte, quando as pessoas tiveram uma chance de avaliar seu impacto, mais e mais pessoas passaram a pensar nela como alguém que abriu as portas para as grandes energias de mudança e transformação que temos vivenciado desde então. Mas ao passo que Mestre Therion anunciava estrondosamente seu "Faz A Tua Vontade" como pré-requisito para a iluminação, Dion Fortune insistia que cada um de seus iniciados deveria ser capaz de dizer: "Eu desejo Conhecer para poder Servir".

Mas qual é a diferença entre o termo em inglês "Magic", como ela chamava, e "Magick", termo preferido por Crowley?

Ele definia a Magia como sendo "a Ciência e a Arte de fazer com que Mudanças ocorram de acordo com a Vontade". Também disse que: "(...) cada ato intencional é um ato de Magia", e escolheu adicionar o "k" no final da palavra em inglês para fazer uma distinção entre a arte da magia e a simples conjuração. Além do mais, o "k" para ele significava a "kteis", ou vagina, e indicava a natureza sexual de seus próprios Mistérios enunciados.

Sem reforçar a interpretação sexual implicada pelo "k" final, Dion Fortune modificou levemente o sentido ao acrescentar algumas palavras: "mudança de consciência". Assim, a própria definição dela ficou sendo: "Magia é a arte de fazer com que mudanças ocorram na consciência de acordo com a vontade".

Para ambos, a mudança de consciência e a sintonização com níveis mais altos de percepção – em direção aos próprios Deuses – eram parte quase esquecida da evolução humana, e uma aventura religiosa das mais sagradas.

Legados

Quais foram os legados que eles deixaram após a morte?

Em termos materiais, pode-se ver que Crowley gastou cada centavo de sua herança, que originalmente era enorme, ficando com apenas 18 libras. Dion, entretanto, fizera uso tão parcimonioso de sua riqueza acumulada cuidadosamente ao longo do tempo que morreu com 9.781 libras no banco.

Em outro nível, ele deixou atrás de si um legado de duas organizações, conhecidas como A. A. e O. T. O.

A primeira foi fundada em 1906 por ele mesmo e por George Cecil Jones. Crowley nunca explicou o significado de A. A., e as versões são invariavelmente... Argenteum Astrum, Argentinum Astrum (ambas com o significado de Estrela de Prata); de forma plausível havia também: Arcanum Arcanorum (Segredo dos Segredos), ou, absurdamente, Atlantean Adepts [Adeptos Atlantes]. Gerald Yorke, um dos membros, descrevia A. A. como "(...) a única Ordem verdadeira e invisível que já operou com vários nomes e disfarces através da história para guiar a evolução espiritual da humanidade. Os objetivos da A. A. são aqueles que motivaram a pesquisa espiritual e a busca pelo conhecimento religioso ao longo da história humana. Seus métodos são aqueles da ciência; seus objetivos são aqueles da religião".

A segunda organização, a Ordo Templi Orientis, fora provavelmente fundada na Alemanha por volta de 1895, mas Crowley assumiu o título de Chefe Externo da Ordem em 1925. Embora fosse originalmente estruturada com base em princípios da Maçonaria, ele a recriou como veículo de expressão da Lei de Thelema; a O. T. O. existe até hoje, embora haja muitas – e frequentemente antagônicas – variações.

Em comparação, Dion Fortune fundou sua Fraternidade da Luz Interior [FIL – Fraternity of the Inner Light], que derivava, assim como a A. A., da lendária Ordem Hermética da Aurora Dourada [Hermetic Order of the Golden Down]. A Fraternidade utilizava um sistema de treinamento e iniciação progressivos que conduziam à gnose individual. Era comum que Crowley tivesse de realizar seus ritos em uma variedade de apartamentos ou porões (diz o boato que, em pelo menos uma ocasião, ele invadiu uma igreja em Paris e utilizou uma mulher nua como altar), enquanto Dion operava em dois templos de tamanho respeitável em Londres e um menor em Glastonbury. A FIL existe até hoje, com o nome de Sociedade da Luz Interior [Society of the Inner Light], quase um século após ter sido criada.

De certa forma, ambas as organizações funcionavam no inconsciente coletivo como as esferas de Chokmah e Binah na Árvore da Vida da Cabala, que examinaremos mais adiante. A Árvore foi interpretada por Crowley e Dion de forma profunda várias décadas antes que as celebridades modernas com mais dinheiro do que bom-senso começassem a propagandear suas próprias versões rasas da Cabala e a usar aquelas pulseiras vermelhas ridículas.

Mas ainda em outro nível bem mais efetivo e significativo, o legado crucial de ambos pode ser encontrado naqueles mitos sutis mas imensamente potentes que desde então vêm estimulando a psique de inúmeros buscadores, fazendo despertar seus sentidos internos. Como já foi mencionado, o mito e a lenda de uma pessoa têm sempre poder e duração muito maiores do que a realidade, e temos de considerá-los como aquilo que os indivíduos reais queriam que percebêssemos.

Na época em que viveu, Crowley foi montanhista de renome mundial e conquistou alguns dos picos mais altos do Himalaia; existem hoje montanhistas que o idolatram por esses feitos e que não têm tempo para magia. Ele era um mestre no xadrez (embora muitos dissessem que ele usava técnicas de hipnose para derrotar os oponentes) e considerado (especialmente por ele mesmo) um ótimo poeta, explorador, caçador, trapaceiro, rufião, agente secreto, romancista, *socialite*, parasita, libertino, viciado em heroína e autor de alguns dos livros de ocultismo mais influentes do século XX. Após 1904, quando teve a revelação cósmica no Cairo, devotou o resto de sua vida ao que denominava *Crowleyanismo*.

Era um verdadeiro excêntrico, um herói *underground*, um utopista sombrio e predecessor por excelência da geração sexo, drogas e *rock'n'&roll* quase três gerações antes de o *rock* aparecer; e no fim acabou sendo adorado pelos deuses do *rock* que o haviam descoberto: Beatles, Rolling Stones, David Bowie, Ozzy Osbourne e Black Sabbath, Iron Maiden e Jimmy Page do Led Zeppelin, para citar apenas alguns nomes. Mais tarde, várias bandas *punk* também foram na dele ao reconhecerem o ultrajante rebelde que era.

Durante décadas foi impossível abrir um romance que não tivesse alguma versão mal disfarçada dele como autêntico Príncipe das Trevas;[11] Crowley também apareceu em mais memórias do que provavelmente qualquer outra pessoa, simplesmente porque – ame-o ou o odeie – era impossível esquecer que ele existia. De certa forma, ele pode parecer pior para nós hoje do que jamais foi, por causa do uso aberto e engajado que fazia de drogas, como cocaína, ópio, láudano e mescalina, apesar do fato de que, quando era jovem, essas substâncias não eram proibidas. O mais triste foi que ele pode ter sido um deus encarnado, ou ao menos um canal para tal, mas nunca conseguiu se livrar do vício em heroína, apesar de se esforçar tremendamente ao longo dos anos.

Em termos literários, os livros escritos por Crowley, a maioria dos quais ele mesmo publicava, não atraíram muitos leitores enquanto ele ainda estava vivo; entretanto, seu extraordinário *Confissões* nunca parou de ser editado nos últimos 40 anos, e existe na Internet em vários formatos, pairando no ciberespaço como o ka [palavra egípcia para "força vital"] da múmia de algum sacerdote egípcio.

Para os críticos da época (por exemplo, quase todo mundo no planeta), a filosofia da Thelema pregava a adoração ao demônio e ao que carinhosamente denominaram "depravação sexual", pois ele era tão abertamente bissexual quanto se podia atrever a ser naqueles tempos. Os jovens de hoje, tendo por garantidas suas liberdades sexuais, não percebem quantas dessas liberdades se tornaram possíveis porque ele deu o primeiro passo com relação à moralidade, passo este que pareceu profundamente imoral. O mundo o odiava tanto que era quase impossível não admirar secretamente a pura intrepidez de Crowley. O Homem Mais Perverso do Mundo, como os jornais o denominavam, foi também, de várias formas, o mais corajoso.

---
11. Ver Martin Booth, *A Magick Life: The Life of Aleister Crowley* (London: Hodder & Soughton), 2000.

E havia Dion Fortune. Que legado ela nos deixou?

Seja o que for que Crowley tenha feito sob o ponto de vista masculino, DF, como a chamavam, fez o mesmo, quieta e secretamente, sob o ponto de vista feminino. Além do mais, assim como Crowley, um iniciado na Ordem Hermética da Aurora Dourada, a fraternidade dela trabalhava com magia ocidental: Atlântida, Ys e Egito; celtas e escandinavos; Rei Artur e o Santo Graal. Ela tornou a Cabala acessível e clara, levou a mediunidade a novos patamares e explorou todos esses tipos obscuros de prática mágica, que hoje em dia poderiam ser chamados de "autenticamente britânicos" –, tornando-os internacionais.

Embora houvesse uma seção de misticismo cristão em sua loja mágica para os menos aptos, ela se especializou em trabalhar com imagens da Grande Deusa, e quando estava perto de morrer, tais imagens chegaram a ter mais importância do que Dion. Seus livros, como o *Cabala Mística,* ou o *Magia Aplicada,* e o estranho *Autodefesa Psíquica* já foram bastante copiados, mas nunca superados. Seus romances *The Sea Priestess* e *Moon Magick* têm prosa belíssima e quase hipnótica que cria um efeito mágico sobre o leitor. Um crítico da época jogou *Moon Magick* de lado, absolutamente enojado, quando a personagem feminina diz ao homem sexualmente frustrado: "O que você quer de fato saber é exatamente até onde eu vou..." Ninguém daria a mínima se uma mulher falasse isso hoje em dia, mas, nos anos 1930, era considerado bastante forte e perigoso, de fato. As pessoas nascidas após os anos 1960 quase não percebem o quão estranha, bizarra e radical foi a noção do culto à Deusa e das mulheres sexualmente confiantes nos anos, décadas e até mesmo nos séculos que antecederam essa geração. Tais noções que então floresciam eram consideradas radicais, altamente risíveis e possivelmente até perigosas. Graças ao trabalho mágico que DF fez no Inconsciente Coletivo, as mulheres de hoje têm voz e escolha, coisa que a geração de seus próprios pais desconhecia.

Cada mulher que desde então desafiou o patriarcado dos tempos modernos deveria ser muito grata a ela por abrir o caminho e mostrar que – começando nos planos internos – é a Mulher quem tem o poder. Posto de forma bem simples, Dion Fortune trouxe a Deusa de volta ao mundo.

Ao mesmo tempo, os magos modernos de ambos os sexos estão em débito com ela pela absoluta clareza com que expôs tópicos obscuros do Hermetismo, noções que de outra forma talvez nunca tivessem sido apreendidas. Quando se vê no presente o ressurgimento do interesse pelas linhas ley [linhas de energia que conectam vórtices energéticos pelo planeta] e pelas energias da Terra, por rituais sazonais, Antigos Deuses e Deusas e todas as coisas puramente ocidentais – incluindo a própria interpretação que ela faz da Cabala 70 anos antes de esta se tornar um culto vazio –, é possível traçar tudo isso à influência dela.

E *então* havia as bruxas.

Qual era a posição de Crowley e Fortune com relação a elas?

Neste momento em que escrevo este livro, a Wicca é vista em alguns lugares como a religião que mais cresce no mundo. É um sistema de crenças e um modo de vida baseado na reconstrução de tradições pré-cristãs, com raízes espirituais nas expressões mais antigas de reverência pela natureza e tanto pelo Deus quanto pela Deusa. A Wicca aceita a reencarnação e a realidade da magia, assim como a observância ritual de fenômenos astrológicos, de agricultura e o uso de círculos mágicos para propósitos rituais. Há tempos se acredita que um dos fundadores do movimento, Gerald Brosseau Gardner, recebeu de Crowley grande parte de seu material para realizar a Arte.

Apesar das histórias, é difícil encontrar evidências incontestáveis de uma colaboração verdadeira entre Crowley e Gardner para criar a Wicca, embora Crowley lhe tenha realmente vendido os direitos, por 300 libras, de direção de uma loja da O. T. O. Em seu diário mágico do ano de 1947, ele faz quatro breves referências a GBG entre 1º e 27 de maio, mas nada antes ou depois disso.

Entretanto, os escritos of Gardner a partir de 1949 mostram que grandes trechos das Iniciações Wiccanas de Primeiro a Terceiro Graus, bem como dos rituais de Sabbat, haviam sido pegos palavra por palavra do *Livro da Lei* e da *Missa Gnóstica*.[12] Jerry E. Cornelius identificou aquelas inúmeras partes do sistema gardneriano que

---

12. Ver, em particular, *Red Flame*, http://www.cornelius93.com/, para uma comparação detalhada feita por Jerry Cornelius.

foram retiradas diretamente dos livros existentes de Crowley, e estes são relacionados no Apêndice A para mostrar quais dos assuntos de que tratava a Grande Besta eram de interesse particular para Gardner.

É importante compreender que Crowley não escreveu tais trechos a pedido de Gardner: Gardner simplesmente pegou, quase palavra por palavra, o que quis dos livros de AC que já haviam sido publicados. Pode-se concluir que AC não escrevia os rituais para Gardner – que era mais do que capaz de escrevê-los ele mesmo. Na verdade, pode-se dizer que um mago (ou bruxa) que não consegue escrever seus próprios rituais não deveria mexer com tais coisas, em primeiro lugar. Nem há qualquer verdade no rumor – que hoje em dia está mais para lenda – de que Crowley entrou para um *coven* de bruxas e não gostou de receber ordens de mulheres. Não passa de uma brincadeirinha dos ingleses que acabou se espalhando pelo mundo e ganhou tons de verdade.

O fato é que Crowley tinha há tempos certa simpatia pelo tipo de culto que Gardner veio a criar, e uma vez expressou em uma carta a Charles Stansfield Jones, bem antes de Gardner entrar em cena:

> A hora é perfeita para uma religião natural. As pessoas gostam de ritos e cerimônias, e estão cansadas de deuses hipotéticos. Insista nos verdadeiros benefícios do Sol, das forças da Mãe e do Pai e assim por diante; e mostre que, ao celebrá-los respeitosamente, as pessoas podem se unir de forma mais plena à corrente da vida (...).[13]

Da mesma forma, vários pesquisadores vêm tentando encontrar conexões entre Dion Fortune e o movimento wiccano, sem sucesso. Nos primeiros anos que sucederam a morte dela, a Sociedade da Luz Interior tinha um chalé chamado "Avalon" em um dos dois campos de nudismo em Bricket Wood – onde Gardner praticava o que se podia denominar "ritos Dionisíacos"; apesar disso, DF nunca participou dessas cerimônias enquanto era viva. E também parece improvável que seus seguidores o tenham feito após sua morte.

O que os wiccanos obtiveram de Dion Fortune foi um *tom*, por meio dos escritos dela e/ou talvez de seu próprio espírito. Em um de

---

13. Citado no livro de John Symonds, *The Great Beast* (London: Mayflower, 1973).

seus primeiros contos, ela descrevia a forma como certos rituais são capazes de desencadear uma nota nos planos interiores que pode ser ouvida por quem está sintonizado com a magia; estes serão, então, atraídos em direção à nota. Nós mesmos podemos ouvi-la em seus dois melhores romances, *The Sea Priestess* e a sequência *Moon Magic*, os quais Dion esperava terem qualidades autoiniciáticas – o que é fato. Existe um ritmo absolutamente envolvente na prosa, e um poder imagético que tem quase o efeito de causar um tipo muito "real" de iniciação em seu sentido mais verdadeiro: o de começo. Um despertar. E o que o leitor ouve é o sussurro da deusa dizendo: *Estou aqui. Venha trabalhar comigo...*

Na verdade, ambos os livros contêm detalhes e ensinos em quantidade suficiente para que qualquer pessoa com conhecimento prévio de magia possa construir seus próprios rituais e obter resultados. E foi isso que os primeiros wiccanos do pós-guerra fizeram. Como foi demonstrado repetidas vezes por vários pesquisadores modernos, os muitos fundadores da Wicca buscavam validar a nova religião que haviam criado afirmando possuírem uma (duvidosa) herança de antigos *covens* que transmitiram seus segredos ao longo dos séculos. Isso está longe de ser um crime: os fundadores da Ordem Hermética da Aurora Dourada haviam feito exatamente a mesma coisa 70 anos antes, forjando documentos que afirmavam (por um tempo) sua legitimidade. E novecentos anos antes, São Paulo fez algo similar quando criou o Cristianismo.

Uma vez mais estamos no reino das "brincadeirinhas" inglesas, o que pode ser definido em termos de contar mentirinhas inofensivas e até graciosas, em geral de forma engraçada, e frequentemente significa impor um ponto de vista contra todas as probabilidades. A esse respeito, uma das Refinadas Bruxas da Inglaterra (uma autodenominada "bruxa hereditária" de verdadeiro poder e visão) uma vez me confessou que havia inventado tudo. E nós dois sabíamos que isso não tinha a menor importância. Como poderia ter dito Gardner, parafraseando Crowley: se não causar mal a ninguém, faz a tua vontade.

O fato é que os wiccanos escarafuncharam os livros *White Goddess* [Deusa branca], de Robert Graves, e *Golden Bough* [Galho Dourado], de James Frazier, atrás de detalhes sobre suas divindades ou mesmo nomes de *covens*. Mas quando se tratou de ajustar a parte ritual, foram as obras de Crowley e Fortune que forneceram as explicações fundamentais, a energia e a orientação.

E o ponto fundamental a entender é que, assim como ocorreu com os impressionantes adeptos da Aurora Dourada, o sistema funcionou.

Os dois últimos romances de Fortune estão repletos de cantos, invocações, Palavras de Poder e o mais importante: ritmos de prosa curiosamente sedutores que fazem com que as imagens penetrem profundamente na psique dos leitores. E mesmo tendo sido escritos na forma de ficção, cada palavra foi retirada das experiências pessoais dela.

> Não me restava nada que fosse humano. Eu era vasta como o universo; minha cabeça entre as estrelas; meus pés na curva da terra balançando-me em sua órbita. À minha volta, no espaço translúcido, estavam as estrelas em profusão, e eu era como elas. Abaixo de mim, bem abaixo, toda a natureza se espalhava como um esverdeado tapete cheio de desenhos. E por toda a extensão do globo que rasgava o espaço, estava eu em pé (...).[14]

E também, referindo-se ao sacerdote com quem trabalhava:

> Eu era a *anima* dele, seu contato com as profundezas, sua ligação com a terra mais antiga e com as coisas mais primordiais onde repousam as raízes da força; através de mim ele podia tocá-las enquanto sozinho era incapaz de fazê-lo, pois o homem é do sol e das estrelas e do fogo; mas a mulher é do espaço escuro e da terra escura e da água escura e primordial (...).[15]

Por causa do trabalho daqueles dois nos planos interiores, que no fim agiram no Inconsciente Coletivo e viram resultados no mundo exterior, as mulheres jovens nunca mais se deixariam levar para hospícios ou locais de trabalho forçado por engravidarem fora do casamento; as crianças nunca mais seriam estigmatizadas pelo termo "filho bastardo"; os homens e as mulheres homossexuais não seriam mais vistos como quem comete crimes contra a humanidade; e o desejo sexual acabou sendo reconhecido como impulso normal, e não

---

22. *Moon Magic*, p. 146.
23. *Moon Magic*, p. 147.

como degradação. Não era tanto o caso de *Fazer* a tua vontade, mas sim o caso de aprender a *Ser* o que se é por dentro, sob a liberdade e o desafio do Amor.

Ao se aproximar do fim da vida, Dion Fortune aparentemente teve vários problemas com relação a ser suplantada por esses arquétipos da Deusa. Crowley, o Homem, em contraste, tornou-se frágil demais para incorporar completamente os Grandes Deuses Pã e Hórus, outrora tão onipresentes.

Mas é possível perdoá-los pelo enfraquecimento que tiveram ao fim de suas extraordinárias vidas, pois ambos haviam atravessado uma guerra terrível...

Capítulo Dois

A Guerra Entre Dois Mundos

Os primeiros mísseis foram jogados pela Luftwaffe em Londres, 24 de agosto de 1940, e o bombardeio em si começou em 7 de setembro. Nos três meses que se seguiram, os ataques causaram a morte de 44.717 homens, mulheres e crianças, e um número ainda maior de feridos. Quando os nazistas foram derrotados, 60.585 civis britânicos haviam sido mortos e 86.175 haviam sido gravemente feridos pelos ataques aéreos alemães e pelos mísseis balísticos que eram jogados não de aviões, mas de bases em terra; estes eram conhecidos como V-1 e o supersônico V-2, cuja aproximação ninguém conseguia ouvir.

Londres não era exatamente o lugar mais saudável para se estar naquela época. Alguns fugiram para outros continentes. Outros foram morar no campo. Crowley e Fortune aguentaram o máximo que podiam, com uma determinação teimosa de acompanhar a fase até o final. Embora fossem velhos demais para trabalhar ativamente nos esforços de guerra, a Besta e a sra. Evans estavam, cada um à sua maneira específica, ansiosos para "fazer sua parte", como se dizia na época, e se certificar de que esse presunçoso Adolf Hitler fosse derrotado. Ambos compreendiam que a espiritualidade e o pacifismo não são necessariamente sinônimos – ao menos não quando é o futuro da humanidade que está em jogo.

Para muitas pessoas da época era quase como se fosse uma Guerra Santa, uma batalha de Luz contra a Escuridão, com esta se manifestando por meio do fenômeno do nazismo que ainda hoje, gerações mais tarde, é visto como inquestionavelmente e genuinamente maléfico.

41

Como poderiam ambos deixar de trazer toda sua magia e "mágicka" para a briga, da melhor forma que podiam, contra o inimigo?

Ambos, no mesmo barco por causa de sua paixão pela Magia, também estavam igualmente conectados por seu patriotismo inato, e embora Crowley houvesse sido chamado de traidor uns 20 anos antes, agora era certo que – como ele havia dito inúmeras vezes – fora agente duplo efetivo da Inteligência Britânica durante muitos anos.[16] Ele afirmou ter proporcionado a Winston Churchill (com quem tinha espantosa semelhança física) o icônico "V" de Vitória feito com dois dedos da mão, símbolo que, insistia ele em dizer, representava Apófis (antigo espírito da destruição) e Tífon (aquele que traz a tempestade).

E se estavam lutando contra os nazistas tanto nos níveis exteriores quanto interiores, como veremos, também travavam guerras em suas próprias almas (especialmente Dion), na tentativa de trazer alguma paz e equilíbrio ali também.

Antes de lançarmos um olhar ao trabalho que fizeram em separado na Segunda Guerra Mundial, é importante perguntar sobre qual contato real tiveram entre si Crowley e Fortune nesse ou em qualquer outro período. Apesar dos rumores, é bastante improvável que tenham tido relações sexuais. Crowley, que costumava mencionar praticamente tudo em seus Diários Mágicos, certamente nos teria informado caso houvesse levado para a cama a ilustre Sacerdotisa do Mar, e provavelmente teria também descrito com detalhes a yoni* dela.

Encontramos, entretanto, o seguinte (e essa é a primeira referência inicial a Dion, datada de 12 de julho de 1937):

> Símbolo para W-K e o caso Dion Fortune... Comprei camisa, meias, gravata. Escrevi cartas importantes: ref. livro de *I Ching*. Dion Fortune.[17]

---

16. Ver o livro de Richard B. Spence, *Secret Agent 666*.
* N.T.: "Yoni" é o nome do símbolo representando a deusa Shakti – personificação da natureza na mitologia hindu.
17. Todas as anotações dos diários de AC, e cartas de DF para AC, são cortesia dos arquivos da Ordo Templi Orientis, gentilmente cedidos por William Breeze.

A Guerra Entre Dois Mundos

W-K pode ser alguém chamado West-Kelsey, embora possa ser também uma referência a W. K. Creasy, que foi acusado publicamente pela esposa de ter tido um caso com a fundadora da Fraternidade da Luz (Dion), da qual era membro sênior. Ninguém (exceto a parte acusada) se preocuparia muito com esse tipo de acusação hoje em dia, mas em 1937 era algo explosivo. Essa não era a primeira vez que Dion havia sofrido esse tipo de acusação: a sra. Zoe Seymour também acusou Dion de ter tido um caso com seu marido, o coronel Charles "Kim" Seymour, que era a figura masculina dominante em algumas áreas dentro da loja mágica, além de o melhor estudioso e escritor ali. E além de tudo isso, certa sra. Loveday passou o resto da vida culpando Dion pelo fim de seu casamento com Charles Thomas Loveday, uma das primeiras pessoas que apoiaram DF e também militante no tocante aos aspectos do Cristianismo Místico dentro da loja dela.

Fossem tais acusações infundadas ou não, é evidente que, ao menos do ponto de vista daquelas esposas perturbadas, Dion Fortune era a própria encarnação da Mulher Escarlate. E se havia alguém capaz de aconselhá-la com relação a brigas maritais difíceis de lidar, este era Crowley, cuja vida revolvia em torno desse tipo de acontecimento.

Existe algum valor nessas fofocas? Sim. Há valor. Porque quando Edward Alexander Crowley e Violet Mary Firth, para chamá-los por seus nomes de nascença, tornaram-se Aleister Crowley e Dion Fortune, entraram no mundo dos mitos e das lendas. Quando isso acontece, então cada rumor existente acaba se tornando material para o processo mitológico. Assim como os folcloristas hoje em dia caem em cima de qualquer coisa que possa surgir com relação a personagens como Merlin, o Rei Artur, Boadiceia, Rolling Thunder, e até John F. Kennedy, então nos séculos vindouros (se o mundo ainda existir) todas essas questões com relação a Dion Fortune terão sido alçadas do nível de mera fofoca àquele de puro folclore.

---

* N. T.: Rolling Thunder [trovão retumbante] foi curandeiro da tribo cheroqui norte-americana.

Fosse quem fosse, W-K enviou a Crowley uma carta em 10 de julho, e ambos se encontraram no El Vino, restaurante na Fleet Street, Londres, embora ele não nos revele nada mais que isso.

Mais tarde no mesmo ano, em 25 de novembro de 1937, Crowley escreve: "David Wood – faz parte da gangue de Dion F. Poderá ser um bom homem se for ensinado".

Depois, ele menciona em seus diários de 1939: "sr. e sra. Evans para um Chili con". Naquela mesma noite ele acrescenta: "Lawrence Evans quer falar comigo. Dion Fortune – Morcego Público Número 1 no The Belfry. Como um hipopótamo com próteses dentárias. Conversa – empolgante como sopa de tomate enlatada".

Não se sabe quem é Lawrence Evans, mas o sr. Evans é obviamente o marido da mulher de nome Dion Fortune. Conhecido pelos íntimos como Merl (abreviação de Merlin), o dr. Thomas Penry Evans tinha impressionantes capacidades psíquicas, embora fosse um homem em conflito, considerado por aqueles a quem permitia uma aproximação como um dos magos verdadeiramente detentores de grande poder dentro da fraternidade dela, e devotado não apenas à Alta Magia, mas a todos os aspectos da cura.

Apesar do comentário cruel de AC sobre morcegos, a referência ao Belfry tem a ver com o templo em que ela fundou na West Halkin Street devotado aos Ritos de Ísis. Alan Adams, um genuíno ocultista que mais tarde formou seu próprio grupo e escreveu sobre DF sob o pseudônimo de Charles Fielding, esboçou as recordações de alguém que havia estado presente quando o par se encontrou por breves momentos: "Dion Fortune entrou na sala [no The Belfry] com alguns de seus amigos e se deparou com Crowley já sentado e acompanhado de duas de suas mulheres escarlate. Ele se levantou (gesto pouco característico dele) e fez uma mesura diante dela. Ela respondeu curvando levemente a cabeça e os ombros à moda britânica e foi se sentar em seu lugar. Aquilo pareceu o início de um reconhecimento mútuo. Mais tarde eles trocaram algumas cartas entre si e Crowley chamou-a de sua Sacerdotisa da Lua, aparentemente acreditando que ela encarnava o papel".[18]

---

18. Charles Fielding e Carr Collins, *The Story of Dion Fortune* (Loughborough, UK: Thoth Publications, 1998).

A Guerra Entre Dois Mundos

Existe uma tendência simplista entre os ocultistas britânicos de particularmente classificar Aleister Crowley e Dion Fortune como praticantes de Magia Negra e Branca, respectivamente; esta é uma atitude que demonstra incompreensão da própria natureza da magia, ou desses dois praticantes individuais. Também já houve tentativas de minimizar ou mesmo de negar qualquer contato significativo entre eles, e os fãs mais empolgados de DF se incomodam bastante com isso. Entretanto, ela lhe mandou uma simpática carta em 8 de janeiro de 1942, reproduzida abaixo na íntegra:

> Caro 666,
> Muito obrigada pela sua carta e pelo cartão. Fico feliz que tenha gostado dos meus tabernáculos. Vi desenhos de dois dos seus trunfos de Tarô na livraria Atlantis quando fui conversar com Michael Juste, e achei-os muito bonitos. Vou querer conhecê-los melhor quando forem publicados. Creio ter a maioria dos seus livros, acho, com exceção de "Thumbs Up".
> Temo que meu Conhecimento Bíblico esteja enferrujado; não consegui compreender a referência a Daniel e o Apocalipse com relação ao sr. Churchill, então você vai ter de me explicar se quiser transmitir algo para a minha inteligência, a qual você superestima. Deveria o sr. Churchill ser considerado como coroado junto às estrelas, ou sua cauda arrasta parte delas atrás de si?
> Minha mentalidade sempre atrapalhou meu trabalho, e temo que sempre o fará.
> Desejo que o seu Tarô tenha muito sucesso, ele certamente merece.
>
> Sinceramente,
> Dion Fortune

A anotação seguinte nos diários de Crowley tem data de 12 de janeiro de 1942, quando ele escreveu: "Carta de Dion Fortune, respondida, estou lhe enviando o T. U.! Ambas as edições".

T. U. se refere ao livreto de 14 páginas "THUMBS UP: A Pentagram – a Panticle to Win the War" [Thumbs Up: Pentagrama – um Pentáculo para Vencer a Guerra], que Crowley publicou em duas versões em 1941. Uma, "publicada em edição particular em Londres"; a outra, "publicada em edição particular em Nova York".

Kenneth Grant, chefe da O. T. O Tifoniana e pupilo pessoal de Crowley, disse-me em carta que DF e AC haviam trocado muita correspondência, embora não tenham tocado em nada realmente profundo, e a pilha de cartas desapareceu em algum lugar nos Estados Unidos, ou foi destruída. Deve-se lembrar que naqueles tempos os telefones não haviam se espalhado, e as cartas eram o meio escolhido para se comunicar. Com quatro entregas postais por dia, teria sido possível para Crowley enviar a Dion uma carta no café da manhã e receber uma resposta pela hora do almoço – ou, no mais tardar, na hora do chá da tarde. O fato é que houve uma vasta e cordial correspondência entre ambos, o que em si não é significativo, entretanto, mostra que ela mesma – com suas formidáveis percepções psíquicas – não o desprezou como um "praticante de magia negra".

Em 1944, Crowley publicou o *Livro de Toth* com seus sublimes desenhos dos trunfos de tarô, e uma das pessoas a comprá-lo foi Dion Fortune. Quando ele lhe mandou uma cópia do livro, fez uma dedicatória efusiva: "Para Dion Fortune, este pequeno tributo às suas realizações e contribuições para a Ciência da Sabedoria, e para sua eminência como Artista das Palavras. Número 9 para Dion Fortune, assim como para a Alta Sacerdotisa de Nossa Senhora Selene. 'O número 9 é sagrado, e alcança o ápice da filosofia'. Zoroastro".

Ele também enviou a ela dois quadros extraordinários que haviam sido originalmente presenteados a ele por J. F. C. Fuller, intitulados: "O Portal da Ordem Externa" e "O portal da Segunda Ordem". Mais uma vez, o fato de que ela aceitou os presentes não demonstra nada além de boa educação. De qualquer forma, ela os manteve e não os destruiu como algo decadente.

Há também uma anotação no diário de Crowley datada de 1945: "Dion Fortune me enviou um Qy. E 5,50 libras como Resp. E 3 cartas!" Presume-se que ela havia lhe pedido conselhos com relação a certos problemas. Ela pode ter sido uma grande praticante de magia, mediadora de forças espirituais, mas às vezes também era Violet Evans (sendo Firth Evans nome de nascença), que podia se sentir tão perdida, sozinha e confusa quanto qualquer um de nós – incluindo

Crowley. Além disso, é bem provável que ela tenha tentado ajudá-lo um pouco financeiramente ao fazer isso, porque aquela era uma soma de dinheiro considerável para a época.

Então, em 8 de fevereiro daquele mesmo ano, ele escreveu: "Enviei M[inutum] M[undum] para Dion Fortune"; o presente era provavelmente um diagrama da Árvore da Vida mostrando os Caminhos e conectando as Esferas em suas cores apropriadas, embora ela devesse conhecer bem esse diagrama, porque o havia utilizado em seu próprio livro, um clássico sobre o assunto. Entretanto, se algumas pessoas da Velha Inglaterra estavam mística e emocionalmente unidas em níveis sutis por laços e memórias dos tempos de sua juventude perdida, esse par se unia pelo símbolo da *otz chaim* cabalística, também chamado de Árvore da Vida.

A menção seguinte não aparece impressa até a primavera de 1946, quando ela já havia falecido. Seu nome está em uma lista de todos aqueles que haviam recebido a Palavra do Equinócio. Esta vinha na forma de carta, sempre de uma página, contendo uma "palavra", um hexagrama do *I Ching* que governaria os seis meses seguintes e, às vezes, uma explicação do significado. Era enviada a cada primavera e outono e, intrigantemente, a cada um daqueles que eram considerados parte do círculo mais próximo de Crowley.

 Saturnus = Karl Germer
 J. W. P. = John Whiteside Parsons
 L. U. W. = Louis Umfraville Wilkinson
 H. A. = Grady McMurtry
 V. I. = Gerald Yorke
 E. N. F. = Edward Noel Fitzgerald
 R. Cecil = Robert Cecil
 B. Crow
 G. K. Grant
 D. Curwen
 F. Mellinger
 J. G. Bayley
 Ethel Archer
 Alexander Watt
 Dion Fortune

Tranchell Hayes
Estai 516 = Jane Wolfe
Lady Aberconway
Lady Freida Harris

Desses, nove eram membros da O. T. O.: Germer, Parsons, Wilkinson, McMurtry, Fitzgerald, Curwen, Mellinger, Wolfe e Harris – um em Nova York, um (da Califórnia) na Alemanha, três na Califórnia e três na Inglaterra (sem contar Crowley). Ele e Jane Wolfe fizeram várias cópias da palavra para redistribuição aos outros membros que moravam na Califórnia.

E havia Dion Fortune. Qual o significado de seu nome estar na lista? Será que ela era, de alguma forma secreta, membro da A. A.? Ou estaria Crowley reconhecendo o *status* dela como Magister Templi (título que examinaremos mais adiante)?

O G. K. Grant mencionado na lista acima era Kenneth Grant, também conhecido por seu nome mágico como Aossic. Muitos (embora nem todos) o consideram chefe atual da O. T. O., além de uma espécie de sucessor do próprio Crowley, e vale a pena mencionar suas próprias memórias de quando presenciou vários encontros entre DF e AC:

> Eu a vi em 1945. Estava quase morrendo e havia perdido grande parte da força física e do vigor que são tão aparentes na fotografia (...). Mesmo assim, ela aparentava (ou *transmitia*, seria uma palavra melhor) tremenda vitalidade psíquica que me causou uma impressão bastante poderosa na época (...). Ficou então óbvio para mim, e essa convicção fica mais forte cada vez que leio algum de seus escritos, que Dion se considerava *a* shakti mágica do novo Aeon (...). Lembro-me de seu entusiasmo ao discutir com Crowley sobre a possibilidade de reavivar algumas das atitudes pagãs com relação a forças cósmicas e elementais.[19]

Em carta enviada para mim, de 17 de outubro de 1987, ele também se recordou de outro encontro:

> D.F. veio consultar A.C. sobre um ou outro ritual que envolvia o sacrifício de um galo. A conversa acabou mudando para Inteligência

---

19. Carta a Janine Chapman datada de 9 de agosto de 1973. Citada no livro de Janine Chapman, *The Quest for Dion Fortune* (York Beach, ME: Weiser, 1993).

transumana, e D.F. falou de uma entidade que era, em todos os seus detalhes, tão espantosa quanto Aiwass. Infelizmente não me lembro do nome (...).

Ela mandou à Besta uma cópia de *The Sea Priestess* em junho de 1944, e depois, em 14 de março de 1945, escreveu-lhe:

> Fiz a você um agradecimento na introdução à *Cabala Mística* com relação à minha dívida para com o seu trabalho, o que me pareceu nada mais que honestidade literária. Isso, entretanto, foi usado como porrete nas minhas costas por parte de pessoas que consideram você o Anticristo. Estou preparada para fincar o pé e encarar a briga como tiver de ser, mas hoje em dia não entro em uma se puder evitar, porque desperdiça muito tempo. Tenho total noção de que um dia terei de dizer publicamente. Essa é a lei no Novo Aeon. Entretanto, quero fazê-lo no tempo certo, porque me proponho estar em posição estrategicamente forte quando o fizer, e se você der à sra. Grundy qualquer informação antes da hora, pode ser que eu não esteja suficientemente entrincheirada quando a *blitz* começar. Assim, peço que não mencione meu nome, por enquanto. Estou trabalhando em um livro sobre os caminhos (...).[20]

Leitores desavisados lerão rapidamente esse parágrafo, sem parar para considerações; outros, talvez, imbuídos de interesse em uma interpretação "aprovada" de Dion Fortune, pararão para ler de novo, pois é como se dissessem a um Anglicano que o sério e composto Arcebispo de Canterbury é na verdade um lascivo monstro do sexo tântrico vindo direto da Zona Mauve. O parágrafo poderia ser lido como indicação de que ela estava prestes a anunciar sua aceitação da Thelema – a Lei – quando fosse a hora certa.

Os que têm interesse velado na versão "correta" de Dion Fortune, ou seja, uma sem menções crowleinianas, abertas ou não, já lançaram dúvidas sobre a veracidade dessa carta. Eu pessoalmente não tenho dúvidas de que seja genuína, pois foi escrita no estilo informal e bem marcado da sra. Evans; seria preciso um gênio literário para conseguir imitá-lo. Como veremos, há indicações de que AC e DF travaram certo "acordo secreto" de algum tipo.

É bem possível que DF, embora concordasse com a noção em seu sentido mais amplo, resistisse à pressão de Crowley para declarar a

---

20. Kenneth Grant, *Remembering Aleister Crowley* (London: Skoob, 1991).

Lei de Thelema porque encarava o assunto de forma diferente da dele, e porque sabia que muitos de seus seguidores – alguns dos quais ainda bastante apegados à instância externa representada por sua Guilda do Mestre Jesus – nunca seriam capazes de dar o salto.

Na verdade, as simples palavras Faz A Tua Vontade, que formam a cruz do que alguns denominaram Crowleyanismo, servem a uma variedade tão grande de interpretações que pessoas de lados opostos do espectro mágico podem se sentir absolutamente certas de que suas bem diversas práticas e estilos de vida são exemplificadas pelo mesmo axioma. O sentido pode mudar dependendo de qual palavra é enfatizada. William G. Gray, o inovador cabalista e rigoroso Adepto que sentara no colo de Crowley quando criança, disse-me uma vez que o termo crucial era *Tu*. Ele pronunciava ressaltando a palavra: "Faz A Tua Vontade". Para ele, o *Tu* se refere ao espírito mais interior, e era uma injunção para expressar o impulso evolucionário em direção ao Eu Superior, em vez dos impulsos involutivos e libidinosos do ego mais grosseiro.

Estava claro, entretanto, a partir das referências de DF a trincheiras e *blitzes*, que a pressão no mundo externo era bem maior. Verdade seja dita: ambos tinham coisas bem mais importantes a fazer naqueles seis anos de guerra do que ficar às voltas com tolices sobre doutrina e grupos. Primeiro tinham que sobreviver, e então tinham que ir à luta, trazendo todos os Deuses e Deusas que podiam invocar.

Caso almas mais corajosas se aventurassem a assistir à batalha no céu acima de suas cabeças, veriam os esquadrões de bombardeiros Dornier e Heinkel, os Stukas de asa curva com suas horripilantes sirenes, sendo interceptados pelos Spitfires e Hurricanes, que ganhavam de longe em quantidade. Enquanto isso, nos planos interiores, um tipo bem parecido de combate estava acontecendo.

Já foi bem documentado que não havia de fato um aspecto "ocultista" do Terceiro Reich, embora houvesse ferrenho debate sobre qual o grau de envolvimento direto do próprio Adolf Hitler. Dois papas, Pio XII e Benedito XVI, falaram que Hitler sofria de uma possessão demoníaca (justo ele, que em 1939 havia sido nominado para o prêmio Nobel da Paz!), e o Papa Pio chegou até a fazer um exorcismo à distância no Führer, sem sucesso.

Não há dúvida, entretanto, de que Heinrich Himmler, um de seus representantes, estava profundamente envolvido com magia, tanto quanto era possível estar. De certa forma, ele hoje seria visto como uma típica figura New Age [Nova Era]: gostava de herbalismo, astrologia, "consciência da terra", ergonomia, técnicas naturais de agricultura, energia sustentável, além de adorar animais e crianças. Mesmo assim, ele criou uma das organizações mais brutais de todos os tempos e buscou o extermínio de toda uma raça. Em 1929, Himmler assumiu o comando do pequeno grupo hitleriano de guarda-costas especiais, conhecido como *Schutzstaffel*, ou SS, e expandiu-o enormemente nos anos seguintes, estabelecendo seu quartel-general em um castelo medieval em Wewelsburg, onde sua ordem secreta interna se reunia uma vez por ano.

Essa ordem – pois era o que ele considerava – havia emprestado certas características da lenda do Rei Artur e da Távola Redonda. O grande salão de jantar era adornado com os brasões dos 12 *Gruppenführers* sênior, que se reuniam em torno de uma mesa de carvalho redonda, cada um em sua própria cadeira com nome gravado em placas de prata e seguindo uma série de exercícios espirituais. Abaixo desse salão estava o "reino dos mortos", um poço em que os brasões eram queimados e as cinzas veneradas após a "morte" do cavaleiro. Histórias contam que Himmler utilizava as cabeças cortadas de oficias da SS para se comunicar com seus mestres ascensos, e dizia-se que ele conversava com o fantasma do rei saxão Henry, o Caçador.

E cada um desses cavaleiros nazistas, deve-se enfatizar, acreditava sinceramente que estava trabalhando para a Luz, lutando contra os Magos das Trevas que vinham de todos os cantos da terra para tentar derrubá-los.

Na Grã-Bretanha, não havia nada parecido com Wewelsburg. Ao menos não nos planos externos. O que não significa que os ingleses estivessem esperando sentados, tomando cada golpe e passivamente esperando que algum Poder Maior interviesse. Na verdade, os magos britânicos arregaçaram as mangas, muniram-se de suas varinhas e, daquele modo bastante discreto, procederam para uma reação nada suave contra os nazistas...

Em seu longo ensaio intitulado "O Serviço Secreto Ocultista",[21] Michael Howard mostrou como o governo de Sua Majestade era capaz de contar com uma surpreendente variedade de indivíduos quando se tratava de lançar ataques mágicos sobre os inimigos da nação:

> Ao que parece, a SOE [Special Operations Executive] também tinha uma seção ultrassecreta de pesquisas ocultistas e uma unidade de operadores paranormais com o codinome Project Seven, ou P7. Tudo era dirigido (...) pelo comandante Denton Soames RN, e seus agentes usavam codinomes esotéricos como "Arcanjo", "Serafim" e "Merlin". É possível que o P7 tenha estado por trás da história de que, durante a Blitz, os paranormais usavam seus poderes telepáticos para conduzir pilotos alemães dos bombardeiros a emboscadas, onde eram destruídos pelos Spitfires da RAF.*

Na verdade, parece que um dos agentes mais bem-sucedidos ali, uma mulher chamada "Anne", utilizou seus talentos para projeção astral para espiar o Alto Comando Alemão. Existem até rumores de que o Serviço Secreto fez uso de poderes psíquicos dos *covens* de bruxas em Costwolds para combater os nazistas.

O fato é que hoje em dia isso parece menos bizarro, conforme emergiram detalhes dos projetos financiados pela agência norte-americana CIA nos anos 1970 – *Sun Streak* [Facho de Sol] e *Grill Flame* [Chama de Grelha]: tais projetos se utilizaram de indivíduos com poderes psíquicos contra os russos, e alguns dos resultados foram extraordinários em razão de técnicas como a "visão remota", sem mencionar as tentativas de influenciar as mentes de indivíduos russos.[22]

Christine Hartley, que já chegou a parecer que iria suceder Dion Fortune, contou-me muito sobre suas experiências combatendo os nazistas nos planos interiores na base do um contra um, entrando "na bola de cristal" e vasculhando em busca dos inimigos que ameaçavam a

---
21. *The Cauldron* (London), edição número 126, novembro de 2007.
* N. T: Raf, ou Royal Air Force – Força Aérea Britânica.
22. David Morehouse, *Psychic Warrior* (New York, St. Martin's, 1998).

Grã-Bretanha em níveis mágicos. Ela revelou que, de modo intrigante, foi capaz de lidar com os magos alemães, mas teve sérios problemas com o homem que estava por trás de Hitler nos planos internos, quem ela chamou de Grande Mufti de Jerusalém, Al-Hajj Amin al-Husayni, que uma vez havia escrito pessoalmente a Hitler de Bagdá, pedindo ajuda dos alemães para derrubar os ingleses no Iraque. De acordo com ela, a estrutura mental desse homem era tão diferente de tudo o que ela já havia visto até então, e era tão pessoalmente inimigo de tudo o que fosse ocidental – especialmente britânico – que ela às vezes temia por mais do que a própria vida. Ele provavelmente tinha conceito parecido com relação a ela.

Enquanto isso, a própria Dion Fortune organizava seu grupo para práticas de meditação regulares destinadas a contatar a mente coletiva na nação e por meio dela trazer as energias necessárias. Ela estava certa de que havia um centro ativo de influência espiritual nos planos interiores que telepaticamente transmitia certos ideais espirituais. Por outro lado, tinha certeza de que algo do tipo também ocorria do lado oposto:

> Estamos, na minha opinião, lidando com forças ocultas definidas que estão sendo usadas telepaticamente nas almas coletivas das nações e encontrando expressão através do subconsciente de pessoas suscetíveis sem princípios espirituais. Estou satisfeita de não sermos o único grupo que está transmitindo à mente subconsciente da raça; e justamente nesse momento em que acabamos de descobrir que somos capazes de transferir poder espiritual, outros, utilizando métodos similares, vêm tentando derrubar nosso moral.[23]

Munidas de armas e mantos vermelhos, para expressar o poder de Marte, as presenças angélicas que eles invocaram foram enviadas para patrulhar a Grã-Bretanha de norte a sul, de leste a oeste, protegendo as fronteiras marítimas, em um período em que a invasão parecia iminente. Após alguns meses de intensos esforços interiores, a linha de defesa foi alargada até os campos minados ao longo da costa norueguesa e de toda a extensão do Mar do Norte, barrando tudo o que era maligno e mantendo a escuridão à distância.

---

23. Dion Fortune, *The Magical Battle of Britain* (editado por Gareth Knight) (Bradford on Avon, UK: Golden Gates Press), p. 37.

E naqueles tempos, ninguém melhor a ser invocado do que o Rei Artur, o Outrora e Futuro Rei, vindo direto da caverna abaixo de Glastonbury Tor, munido da espada e acompanhado de Merlin, o arquimago bretão, com seu cetro de diamante. Se havia alguém capaz de resolver o problema nazista, eram eles.

Ela também passou bastante tempo subindo a Caverna mística no centro da psique britânica por meio de uma escadaria, passando pelo Salão da Sabedoria que era visto como uma enorme biblioteca medieval, passando pela Capela do Graal acima e subindo ainda mais até chegar à Torre de Vigilância.

Essa Torre ficava no topo de uma montanha. Ali, a pessoa munida de grande coragem tinha permissão de se unir ao misterioso e encapuzado Vigia, sempre ali cumprindo sua função. Ali, a pessoa capaz de aguentar a pressão tinha permissão de olhar para os ventos mutáveis do bem e do mal, para dentro do coração da tempestade que varria o mundo, e obter de relance visões psíquicas das coisas que estavam por vir. Não era lugar para iniciantes, avisava ela.

Tais coisas eram mais do que imagens mentais. Esses seres eram reais, assim como os lugares, operando e existindo em níveis reais, e em 1940 ela descrevia como, durante um bombardeio e um ataque antiaéreo, foi capaz de ver o trabalho dos Auxiliadores Invisíveis que haviam sido invocados, acrescentando:

> Havia também presenças de um grau maior e mais intelectual que pareciam estar segurando linhas de poder debaixo de grande tensão. Acima de todos estava o domo de proteção iridescente guardado por enormes presenças angélicas. Isso está entre as coisas que temos visualizado e construído no astral, e no momento de pô-las à prova foi uma experiência maravilhosa ver como eram potentes e tangíveis (...).[24]

E conforme a *Blitz* se intensificava no mundo exterior, ela aconselhava:

> Quando o bombardeio começar, ou quando o som de disparos estiver alarmantemente próximo, entre em meditação, de preferência

---

24. Fortune, *Magical Battle of Britain*, p. 41.

utilizando postura meditativa. Se preparações houverem sido feitas com antecedência, será inesperadamente fácil, pois o estresse de um ataque aéreo acentua a percepção psíquica, e muitos daqueles que irão testemunhar a abertura do Véu e observar o Oculto, em situações normais, teriam de trabalhar bastante antes que pudessem alcançar tal experiência (...).[25]

Impossível não admirá-la. Ela, como haveria dito seu marido galês, tinha *hwyl*, palavra galesa intraduzível de invocação do espírito, do fogo, da coragem e do vigor.

Nem tudo ocorria nos planos interiores. Em sua carta para "HF", ela confidenciou:

Há também atualmente um verdadeiro ataque sendo lançado, não só sobre nós. Algum dia desses vou lhe contar uma estranha história que diz respeito ao lado místico dos nazistas. Posso lhe mostrar papéis com o nome de uma editora de Munique, cuidadosamente apagado; os papéis foram introduzidos no país com o propósito de subverter a mente coletiva da raça, e falam de um homem que faz parte da segunda geração daqueles que, embora domiciliados na Alemanha, e alemães em tudo, inclusive no sangue, mantiveram cidadania britânica para então conseguir entrar aqui e fazer esse tipo de trabalho.[26]

Parece que Dion, por meio de seus muitos contatos com a rede de inteligência britânica (que provavelmente incluía o próprio Crowley), havia se tornado ciente de um agente nazista infiltrado cujas atividades estavam então sendo cuidadosamente monitoradas. Ela conclui acrescentando ao amigo, de forma quase apologética: "Então você vê a confusão em que se meteu ao virar conselheiro legal de uma bruxa!".

Mas já em 27 de março de 1945, ela pedia a Crowley aconselhamento com relação a algum problema que parecia envolver um ataque psíquico que obviamente a havia perturbado ainda mais. A resposta dele começava da seguinte forma:

---

25. Gareth Knight, *Dion Fortune and the Inner Light* (Loughborough, UK: Thoth Publications, 2000).
26. Acervo pessoal de Maria Babwahsingh.

> Cara D.F.
> 93
> Estou bastante preocupado com o que você me conta. É a segunda vez que você quase não consegue escapar, e realmente acho que possa ser um aviso. Nunca fui partidário da Escola de Heróis Mártires. O Capitão não deve ser a última pessoa a ser salva, ou deva afundar junto com o navio. Ele é a pessoa a ser salva primeiro por ser a melhor testemunha das causas do acidente, e pode ser valioso para a causa da navegação em geral (...).

É difícil dizer, a partir do resto de sua resposta longa e preocupada, o que havia sido a situação exatamente, mas a essência do que escreveu era: *Não se preocupe. Isso realmente aconteceu. Já ocorreu comigo, também. Supere e continue.* Ele terminava dizendo: "Eu realmente espero que você adote meus conselhos e fique bem fora da vista até que tenhamos expulso os Hunos de Haia e de suas vizinhanças, apesar de tudo o que o Bispo seja capaz de fazer".

E quanto ao próprio Crowley? Como ele conduziu sua guerra? Na superfície, parecia agir de forma mais tranquila. Mas considerando-se que estava chegando aos 70 anos de idade e que havia passado os 25 anos anteriores combatendo seu vício em heroína, não havia muito fogo restando em seu interior. Diz-se que todos os praticantes de magia no final acabam se tornando místicos. E não tanto se se desencantarem com seus rituais; é mais o caso de não ter mais aquele imenso nível de energia necessário para caminhar o círculo, direcionar poder e viajar pelos planos. Entretanto, em um nível diferente, ele estava tão ocupado quanto DF.

Como já foi comentado aqui, por muitos anos Crowley foi um efetivo agente duplo do Serviço de Inteligência Secreto. Embora seu trabalho mais importante (e menos revelado) tenha sido realizado com grande efeito durante a guerra de 1914-1918, vários setores secretos do governo continuaram a usá-lo para obter *insights* sobre aqueles vários grupos ocultos agindo no continente, envolvidos em políticas subversivas e revolucionárias. Quando a Segunda Guerra começou, os alemães haviam percebido onde estava a lealdade de Crowley, e em seus arquivos se referiram a ele em completa desconfiança como "Aleister Crowley, maçom de alto grau". Mesmo assim, ele ainda teve vários seguidores nos círculos ocultos alemães, até que esses círculos fossem severamente reprimidos por Himmler. E este é exatamente o motivo pelo qual ele ainda teria sido útil às autoridades britânicas, mesmo que estas considerassem que – viciado como ele estava em drogas – talvez Crowley não fosse mais tão confiável naqueles dias, como seria desejável. Além do mais, ao que parece, ele de fato fez visitas extraordinariamente corajosas, embora secretas, ao próprio Reich no final dos anos 1930.

Ele esteve certamente perto de figuras sênior dentro do serviço militar de inteligência britânica, e parece ter sido usado no que ficou conhecido como "Operação Mistletoe", desenvolvida por Ian Fleming (autor dos romances de James Bond). Alguns acham que isso nunca aconteceu. Outros insistem que provavelmente sim. A história aconteceu da seguinte forma:

Juntos, Fleming e Crowley organizaram *Sappers* – engenheiros militares – para abrirem clareiras circulares e uma pista ladeada por árvores na floresta Ashdown. Então, organizaram para que soldados canadenses vestidos com mantos improvisados com símbolos místicos desempenhassem, sob um enorme retrato de Hitler, o que parecia ser um espantoso rito. O crucial foi que dois agentes alemães à paisana, chamados "Kestrel" e "Águia do Mar", contatados por intermédio da Missão Romena em Londres, haviam sido convidados a comparecer às impressionantes cerimônias. Quando transmitiram suas impressões ao representante do Führer, Rudolf Hess, tão envolvido em coisas ocultas quanto Himmler, ajudaram a persuadi-lo de que a Ordem da Aurora Dourada não só estava viva e bem, como era parte de um genuíno Partido da Paz britânico, cujo líder era o Duque de Hamilton. Hess se convenceu de que a Grã-Bretanha poderia ser persuadida a se unir à Alemanha na guerra apocalíptica de Hitler contra a Rússia soviética.

Fleming e outros membros do serviço de inteligência criaram então uma campanha de desinformação em que vários astrólogos previam que um "evento significativo" iria ocorrer em 10 de maio de 1941. Certificaram-se de que esses anúncios alcançariam os ouvidos do representante do Führer, que naquele momento planejava entrar na Grã-Bretanha pilotando sozinho um avião, certo de que ao aterrissar teria um encontro particular com o rei George VI e outras figuras importantes, e que a paz seria estabelecida com os ingleses. Sua certeza se baseava no fato de que havia sonhado exatamente com esse cenário, que ele encarou como visão do futuro. Isso levou alguns a especular se Crowley não teria usado sua magia para entrar na mente de Hess. Mais uma vez, a própria CIA testou depois a tática – com sucesso – inúmeras vezes, então não devemos desprezá-la como absurda.

Hess, então, aterrissou na Escócia, onde foi preso e levado ao quartel-general do MI5 em Londres, para ser interrogado. A sugestão de Fleming a Churchill de que Aleister Crowley seria o homem mais qualificado para lidar com Hess foi ignorada. Ao menos oficialmente. Extraoficialmente, ao que parece, Crowley passou três semanas interrogando-o em uma base altamente secreta conhecida como Latchmere House. Não se sabe quais foram os resultados. É bem provável que ele tenha usado mescalina, um tipo de droga da verdade.

Enquanto isso, do outro lado do Canal da Mancha, o Partido Nazista imediatamente deserdou Hess assim que perceberam o que havia acontecido e o que havia dado errado, e desprezaram o solitário piloto, tachando-o de ocultista louco que havia agido por conta própria. O próprio homem passou o resto de sua longa vida em várias cadeias.

Seja qual for a veracidade da história toda, o que se pode de fato confirmar é que tanto Crowley quanto Fortune tinham contatos em níveis bastante altos naquele mundo de sombras da espionagem e da contraespionagem como um todo. Como mostrou Richard Spence em seu livro *Secret Agent 666*, grande parte dos nomes nos Diários Mágicos de Crowley se refere na verdade a reuniões com pessoas que eram membros ativos de serviços de inteligência, espalhados por toda a Europa e pelos Estados Unidos. Não estavam se visitando mutuamente para falar de Magia, ou para relembrar os velhos tempos.

Na verdade, vários membros da Fraternidade da Luz Interior de Dion Fortune, da O. T. O. e da A. A. de Aleister Crowley, também faziam parte de várias ramificações da inteligência militar britânica. Se não estavam de fato usando uma série de poderes mágicos em níveis astrais, estavam então aplicando seu conhecimento de psicologia humana para criar uma efetiva falsa propaganda que infectaria a vontade de lutar do inimigo.

É importante entender que nem DF nem AC eram o que poderia ser chamado de "maguinhos do bem", enviando ondas de boa vontade e perdão em direção à monstruosa águia de duas cabeças, símbolo do Terceiro Reich. Em vez disso, eles buscaram a destruição dessa águia antes que ela os atingisse. Buscaram estilhaçar a sinistra *hakenkreuz*, ou suástica, com sua própria bela – e poderosa – rosa-cruz.

Seja qual for a verdade com relação à trama "Crowley e Hess", o profundo mito que ela gerou tem vida e valor próprios nos níveis mágicos.

O que é certo e palpável, entretanto, é que apesar de seus problemas financeiros, do vício cada vez mais profundo em heroína, que trazia consigo outros problemas de saúde, sem contar o estresse de viver em constante perigo de ser bombardeado, Aleister Crowley fez emergir na mesma época, em colaboração com a artista Freida Harris, seu maravilhoso *Livro de Thoth*.

Lady Freida Harris nunca foi uma das Mulheres Escarlate dele, nem mesmo uma de suas eventuais parceiras sexuais (é por demais equivocado usar a palavra *amante* para a maioria dessas pessoas na vida de Crowley). Mas ela apreendia com seus desenhos o melhor das visões do Mestre Therion, e criou um baralho de tarô que faz parecerem fracos e comuns todos os outros tarôs existentes antes de depois.

Uma das pessoas a quem ele tentou vender o livro, mas que disse não poder pagar o preço de 210 xelins, foi Maiya Tranchell Hayes, figura extremamente importante na vida de Dion Fortune e conexão crucial entre ela e Crowley. No caduceu, ela pode ser encontrada em uma das conjunções no bastão de luz em que as cobras gêmeas de DF e AC se encontram. Se há qualquer segredo ou mistério ou enigma envolvido na relação entre Aleister Crowley e Dion Fortune, essa seria a mulher que poderia explicá-lo. Seu nome mágico era Ex Fide Fortis [expressão em latim que significa "força através da fé"].[27]

Naquela época, Maiya era esposa do dr. Edmund Duncan Tranchell Hayes, que trabalhava no Hospício do Condado de

---

27. Uma vez que ela deixou ao morrer uma mansão no valor de 11 mil libras esterlinas, poder-se-ia pensar que estava evitando ser picada pela Besta atrás de apoio financeiro.

Northampton. Ela havia sido iniciadora e mentora de Fortune no Templo Alfa e Ômega da Aurora Dourada, e reza a lenda que ela inspirou a eternamente exótica, artística e boêmia personagen Vivien Le Fay Morgan, descrita em *Moon Magic* e *The Sea Priestess*. De acordo com o narrador do segundo livro: "A sacerdotisa do mar, ao que parece, era um tipo de pitonisa através da qual os deuses falavam. Sendo pitonisa, ela era negativa, passiva; ela mesma não realizava magia, mas era um instrumento nas mãos dos sacerdotes, e por mais perfeito que fosse esse instrumento, não tinha utilidade a não ser que houvesse alguém para usá-lo".[28] Não era com a austera fé egípcia que ela trabalhava, "nem com os radiantes deuses da Grécia, mas com o culto primordial britânico originado na Atlântida, a qual os escuros celtas iônios haviam outrora compartilhado com bretões e bascos".[29]

Maiya era na verdade irlandesa, filha de um advogado.

Nos anos 1920, eles fizeram suas primeiras experiências com transe mediúnico. Quando ela ressurgiu na vida da mulher mais jovem nos anos 1940 para realizar um tipo ainda mais profundo de trabalho, desenvolveram-no no formato que foi mais tarde chamado Fórmula Arturiana, parte da qual envolvia "práticas de polaridade" entre uma mulher mais velha e um homem mais jovem. Era bem diferente do alinhamento com figuras arquetípicas do culto arturiano, e se baseava em experiências diretas pessoais, porque o dr. Edmund Duncan Tranchell Hayes (segundo marido dela) era alguns anos mais jovem que Maiya.

O trabalho que ela começou a fazer com Dion durante a guerra parecia envolver testes com a estrutura da nova Ordem que, segundo o guia que tinham nos planos interiores, iria surgir em lugar da Fraternidade da Luz Interior, embora isso não pareça ter acontecido – ao menos nos planos exteriores. Nessa nova organização havia uma estrutura tríplice em que Maiya havia sido designada Estrela, Dion ficaria com as energias da Lua e William C. Creasy seria as energias da Terra. O Sol era representado por um ser do astral chamado Shemesh – título que significava Sol, mais do que ser um nome pessoal. Ele estava envolvido em "refazer a Ordem da Era de Aquário. Há

---
28. Dion Fortune, *The Sea Priestess* (London: SIL, 1990), p. 117. Publicado pela primeira vez em 1938.
29. Ibid., p. 136.

sempre um Shemesh, o Professor, e um Hakim, o Curandeiro – ele ainda está por vir. Nós construiremos o Templo da Nova Era".[30]

Na verdade, um ser conhecido como Ara ben Shemesh apareceu pela primeira vez dentro da ordem mágica da Aurora Dourada já nos anos 1908, quando o dr. Robert Felkin e sua esposa Ethel conseguiram fazer contato com ele. Ithell Colquhoun descrevia a entidade como "(...) um árabe desencarnado que afirmava fazer parte do templo no deserto visitado pelo padre Christian Rosenkreutz em sua peregrinação pelo Oriente Médio. Felkin, percebendo que a irmandade tinha necessidade de contato com os planos interiores, aceitou Ara ben Shemesh como seu professor, e os "Mestres Solares" deste como seus Chefes Secretos".[31]

Não há dúvidas de que esse é o mesmo ser.

Examinando essas comunicações na época, Gareth Knight, que provavelmente sabe mais sobre magia do que a maioria de nós jamais vai saber, comentou com espanto: "As implicações disso são um tanto chocantes. O comunicador parece estar absolutamente certo de que estava para acontecer uma completa tomada da Fraternidade da Luz Interior, com Dion Fortune sendo considerada em uma posição secundária (...)".[32] Ele prossegue acrescentando:

> Essa série de reuniões aconteceu sob condições da mais intensa discrição, embora os encontros não tenham sido frequentes no início. Outra reunião aconteceu em dezembro [1940], em que foram revelados planos gerais com relação ao que seria conhecido como "a ordem Sem Nome" – título escolhido por bem da dignidade e porque, no passado, havia-se abusado bastante dos nomes.[33]

O que era essa "Ordem Sem Nome" interna? Será que tinha a ver com a A. A. de Crowley – a Ordem da Estrela de Prata? Teria Maiya sido considerada, ao menos por um curto período de tempo, como algo semelhante ao Imperador Secreto da Fraternidade da Luz Interior (FLI)? Será que a intenção de manter a ordem inominada era a de não aterrorizar os membros menos iluminados da Luz Interior – especialmente os novatos recém-chegados na loja

---

30. Gareth Knight, *Dion Fortune and the Inner Light*, p. 256.
31. Ithell Colquhoun, *The Sword of Wisdom* (London: Neville Spearman, 1975).
32. Gareth Knight, *Dion Fortune and the Inner Light*, p. 255.
33. Ibid., p. 255.

externa? Isso explicaria a carta de Crowley a Frederic Mellinger após a morte de Dion: "Com ela eu tinha um acordo segundo o qual ela reconhecia minha autoridade; entretanto, estava sabiamente, ou um tanto prudentemente, ansiosa para manter esse fato em segredo de seus próprios seguidores por causa das velhas tolices (...). Muitas negociações difíceis são necessárias para que ela continue seguindo".[34]

Durante aqueles acontecimentos, Maiya parece ter sumido de cena nesse ponto, embora haja relatos dela participando como anciã convidada da FLI nos anos 1940, comparecendo a algumas cerimônias, oculta atrás de um véu ou tela. Talvez conforme o trabalho prosseguisse, ela tenha percebido que sua antiga pupila a havia ultrapassado em termos de habilidades mágicas e *status*, e então resolveu se afastar. Ou talvez a morte de seu jovem marido nos anos de 1941 tenha representado um golpe forte. Assim é que, embora sua personagem extraordinária tenha servido de inspiração para a heroína dos melhores romances de Dion Fortune, aos olhos da maioria das pessoas hoje em dia, as qualidades da Sacerdotisa Atlante do Mar se tornaram as qualidades do próprio espírito de Dion Fortune.

O trabalho que realizavam, antes dessa mistura de psiques e personas, está detalhado no livro *The Secret Tradition in Arthurian Legend* [A Tradição Secreta nas Lendas Arturianas], de Gareth Knight. O uso irritantemente casto do termo "trabalhos de polaridade" foi talvez uma forma de se distanciarem da rotulação crowleyniana de Magia Sexual – pois eram exatamente isso, embora em um nível mais elevado do que a mera bolinação. Maiya, utilizando o Nome Mágico Ishtar, era a força por trás das práticas. Hope Hughes, do Templo de Hermes, uma vez se amedrontou e passou a suspeitar que DF havia se tornado praticante de magia negra, porque tinha ouvido relatos de uma mulher nua sendo usada em ritos na casa de DF, que ficava no número 3 da Queensborough Terrace, em Londres (endereço conhecido invariavelmente como 3QT). Se a história é verdadeira, seria surpreendente se a senhora envolvida *não* fosse Maiya.

---

34. Arquivos da O. T. O.

Por outro lado, Christine Hartley, que na época não estava no mesmo nível que sua professora, disse-me que ela e Kim Seymour haviam se envolvido em ritos de alta magia no 3QT, que envolviam certo grau de "contato íntimo", nas palavras dela – isso poderia ter feito com que os novatos saíssem correndo porta afora, caso viessem a saber. O fato é que todos esses trabalhos de polaridade envolviam "mágicka" com "k", quer as pessoas aceitassem ou não o tom crowleyniano dessa palavra.

A relevância disso tudo para este livro é que, assim como Dion Fortune, o nome de Maiya Tranchell Hayes havia também aparecido na lista daqueles considerados merecedores de receberem a Palavra do Equinócio. Nas duas cartas que ela enviou a Crowley, existentes até hoje, mas desimportantes, ela começava com os dizeres "Faz A Tua Vontade é o todo da Lei" e terminava com "Amor é a Lei; Amor sob a Vontade"; ao mesmo tempo, dirigia-se a ele como "GH" (ou "God Head",* dependendo de qual ego estivesse envolvido). Que ninguém se engane: ela não utilizava esses termos por educação, mas sim porque estava reconhecendo a autoridade dele. Estava lhe escrevendo no papel de Thelemita. Seria isso uma indicação de que tanto Maiya quanto Dion estavam mais próximas do que se havia imaginado daquilo que poderia ser chamado de Corrente Thelêmica? É bem capaz que os crowleynianos respondam com um ribombante grito de *Sim*! E muitos admiradores de Dion Fortune surtariam só de ouvir falar na possibilidade.

Entretanto, o que quer que pensem de Crowley, o Mago, aquele autointitulado "Sacerdote escolhido e Apóstolo do Espaço Infinito", não teriam gostado do poema que o Homem Crowley escreveu em honra a Maiya, incluso em seu livro não publicado *Book of Oaths* [Livro dos Juramentos]. Ele a conhecia, naquela época, pelo nome formal de seu primeiro casamento com o dr. John Curtis Webb.

---

* N. T.: "God Head", palavra cuja origem está no inglês medieval e significa, entre outras coisas, "divindade", "divino", "natureza divina". Pode também ser um dos títulos dados ao Deus cristão.

A Apanhadora de Moscas*
(Sra. Curtis Webb)

Aristocratas ou a Plebe pustulenta
São todos o mesmo para a sra. Webb;
Ela me paga, eu nunca lhe paguei,
Eu "fiz" papel de puta e depois a "convenci" a ir pra cama;
Cafetina ou tímida debutante
São todas a mesma para a sra. Webb

Nas farsas ritualísticas
Ela é quem dá os tapas nos traseiros;
Eles rastejam por uma milha, então se arreganham
Para que se encaixem os rotos e esfarrapados;
Como podem ganhar as Mansões no Paraíso
Se desprezam a Casa dos Pecados?

Assim como os grandes, os diminutos
Todos devem render tributo à Besta.

[*E assim por diante... O verso final é mais bem conhecido:*]

A sra. Webb faz o que pode
Como Lésbica luxuriosa
Para transformar em Safo a potranca
Que nunca trota em Piccadilly;
Mulheres com mulheres
Homens com homens

---

* N. T.: Poema no original, em inglês: **The Fly Catcher** (Mrs Curtis Webb)/ Aristocrat or pimply Pleb/ Are all the same to Mrs. Webb;/ She pays me, I've never paid her,/ I 'played' the bitch, and then I 'made' her;/ Harridan or blushing deb/ Are all the same to Mrs Webb // In the ritualistic farces/She's the one to smack the arses;/ They crawl a mile, then sprawl a while/ To fit them for the rank and vile;/ How Heavenly Mansions can they win/ If they despise the House of Sin? // As with the great, so with the least/ All must pay tribute to the Beast. // Mrs Webb does what she can/ As a lusty Lesbian/ To make Sappho of the filly/ Who never trots in Piccadilly;/ Girl to girl and man to man,/ Is part and pattern of her plan;/ Lad to lass and lass to lad/ (bread to bread alone is bad);/ So the changes she must ring,/ If the angels are to sing./ Aristo' and putrid pleb.,/ Harridan and dainty Deb.,/There's never one that misses the web(b).

> É tudo sempre parte de seu plano;
> Garotos às garotas e garotas aos garotos
> (pão com pão, sem nada, é ruim);
> Então as mudanças ela tem que fazer,
> Para que os anjos possam cantar.
> Aristocrata e Plebe pútrida
> Cafetina e Debutante refinada,
> Não há um que escape da rede* dela.³⁵

De início, essa leitura é um tanto desagradável e nem um pouco sagaz, além de parecer um insulto à sra. W. Entretanto, não difere muito dos versos que ele escreveu sobre si mesmo, detalhando sua própria autocomiseração como meio de lidar com coisas que o apavoravam, especialmente com respeito à própria magia sexual que praticou com Victor Neuburg, em que ele frequentemente fazia o papel feminino de "Alys". Dentro do contexto, esse pode ser o estranho modo de Crowley demonstrar respeito e de dizer coisas que naqueles tempos eram indizíveis. Também é bem provável que Crowley estivesse simplesmente fazendo acusações infundadas contra alguém que não merecia ser alvo delas. Isso era algo que ele fazia com frequência.

A importância dos versos, entretanto, é que esclarecem (embora de forma indireta) a própria orientação sexual de Dion Fortune. Mesmo hoje ainda há rumores vagando por aí como almas penadas sobre a ambivalência sexual dela; e vale a pena defender argumentos em favor da ideia – afinal, se se descobrisse que um dos papas era na verdade uma mulher disfarçada de homem, o mundo iria querer saber, mesmo que por simples e deliciada curiosidade.³⁶

Em sua própria época, ela era vista como tendo uma masculinidade distinta. Na verdade, um correspondente me contou que seu pai chegou a conhecer a jovem DF, e insistia que "ela" era um homem travestido. Ela, entretanto, encarou isso de cabeça em seu livro clássico *Autodefesa Psíquica*, que era mais uma autobiografia do que

---

* N. T.: "Rede", em inglês, é *web*. Aqui, é trocadilho com o nome da sra. Webb.
35. Esse poema aparece no site www.lashtal.com (acessado em 3 de agosto de 2009), e faz parte do livro ainda inédito *Book of Oaths*. Foi utilizado aqui com gentil permissão de William Breeze.
36. Existe a figura lendária do "Papa João" [VIII], que supostamente esteve no posto nos anos de 850.

livro sobre ataques astrais. Ali ela escreve, aparentemente se divertindo, sobre como havia sido uma vez acusada de ser um homem travestido de mulher, e sobre como algumas pessoas haviam acreditado na ideia! Crowley nunca manteve muito segredo quanto à sua própria bissexualidade, e ria ao lhe jogarem na cara esse tipo de insulto. Mas deve ter sido difícil para uma mulher jovem e frequentemente insegura, como Violet, que tentava encontrar afirmação para si mesma, ouvir tais acusações.

Conforme se envolvia mais com o trabalho mágico, entretanto, ela percebeu que todos nós somos seres contendo ambos os sexos. Ela sabia ser parte dos Mistérios ver a mulher dentro do homem e o homem dentro da mulher. Hoje, por causa dos escritos de pessoas como Jung, Freud, D. H. Lawrence e o próprio Crowley, a crença nessa visão é quase total; naqueles dias, no entanto, era coisa de gente maluca. Como escreveu Fortune em *The Sea Priestess*: "Mas os antigos não se preocupavam com anomalias, e diziam que a alma era bissexual, e que conforme um ou o outro aspecto se manifestava no mundo da forma, o aspecto alternativo era latente no mundo espiritual".

Ela também sabia de sua atração por mulheres de certa orientação, e pacientemente explicava que quando a líder de um grupo mágico é mulher, essa pessoa receberá várias pessoas instáveis de seu próprio sexo tendo ab-reações* em suas paixões por ela.

Christine Hartley, que a conhecia bem, nunca foi alvo de qualquer tipo de aproximação lésbica. Não que haveria se preocupado, caso isso ocorresse. Apesar dos rumores indiretos que ouvi, segundo os quais Dion Fortune manteve relações sexuais com ambos os sexos em seus últimos anos de vida, além de ter tido um verdadeiro caso lésbico com Maiya, não há provas de nada disso, e ninguém hoje em dia ligaria a mínima – graças, em grande parte, à libido pioneira da grande Besta.

Portanto, o fato simples e direto é que, fosse Dion Fortune um homem travestido, Crowley teria farejado na hora. E se ela tivesse sido uma lésbica enrustida, ele teria feito alguma observação afiada sobre isso em algum de seus escritos por aí.

---

* N. T.: Uma "ab-reação", termo usado na Psicologia, é uma descarga emocional liberada quando vêm à tona emoções do inconsciente em geral ligadas a traumas passados.

Em se tratando do amor humano e todas as questões que ele envolve, o sr. e a sra. Evans deixaram de ser um casal, e Penry deixara Violet alguns anos antes desse período. Ele e sua nova esposa, a dra. Anne Mower White, viveram então felizes para sempre em uma casa chamada "Pã", em Amersham, Buckinghamshire, e ele fez um bom trabalho – um ótimo trabalho –, em especial com crianças deficientes. A tendência das pessoas ao longo dos anos tem sido reduzir sua importância e colocá-lo de escanteio como nada mais que "marido de Dion Fortune", de fato apagando-o na ânsia do maravilhamento com sua esposa. Mas o fato é que, como ser humano, Thomas Penry Evans era um exemplo do mote da Fraternidade da Luz Interior: "Eu desejo Conhecer, para poder Servir". Ele realmente fazia parte Daqueles que Brilham.

E fossem quais fossem os tormentos que o casamento representasse para ambos, ao menos a primeira sra. Evans parece ter se realizado em vários níveis durante os últimos anos de vida, com guerra ou sem guerra.

Coisa que o Mestre Therion nunca conseguiu de fato alcançar, nunca tendo verdadeiramente escapado daquele aspecto de sua persona mágica conhecido como Alastor – O Caminhante entre os Restos; afinal, as mulheres (e homens) entravam em sua vida e dela saíam sem nunca parecer que deixavam algum calor.

Assim é possível que nunca saibamos a verdade do relacionamento entre Aleister Crowley e Dion Fortune ao longo dos anos de guerra; o fato, entretanto, é que lutaram batalhas em suas próprias almas enquanto derrotavam os nazistas nos planos interiores, e os resultados vivem conosco até hoje.

Capítulo Três

Sacerdotes e Sacerdotisas

A década antes de ambos se encontrarem, do final dos anos 1920 aos anos 1930, foi de muitas formas o período mais elevado e bem-sucedido para aquele construto conhecido como Dion Fortune, ao mesmo tempo em que foi bastante turbulento para Aleister Crowley.

Ela havia se desentendido com a Sociedade Teosófica que até então havia tido vasta influência em vários aspectos do ocultismo britânico. O ponto da contenda foi que a líder da ST, Annie Besant, devotava todas as energias da sociedade a promover um messias na forma do jovem Jiddhu Krishnamurti. Além disso, naquela época Dion havia quebrado vínculos com a Ordem Hermética da Aurora Dourada, na qual havia sido originalmente iniciada, e agora comandava sua própria Fraternidade da Luz Interior. Em termos mágicos, isso significava que ela era pelo menos uma Adeptus Minor, e que havia feito contatos interiores com aqueles que ela mesma teria denominado "Mestres". Na verdade, toda a loja revolvia em torno de sua própria mediunidade excepcional, e dela dependia sob vários aspectos.

Uma das coisas não consideradas hoje em dia é o fato de que o arcaico Ato da Bruxaria de 1735 estava ainda em vigor na Grã-Bretanha, e só foi revogado em 1951. Ainda era possível ser processado por fingir o "exercício de qualquer tipo de bruxaria, feitiçaria, encantamento ou conjuração, ou formas de divinação". O suposto contato com espíritos caía nessa categoria. No recente ano de 1944, Helen Duncan foi classificada de bruxa e espiã "culpada de revelar segredos de guerra" por um júri de Old Bailey por revelar informações potencialmente delicadas –

"supostamente via contatos com o mundo dos espíritos". Para aqueles cuja vida revolvia em torno exatamente disso, certo nível de cautela era exigido com relação à forma como os Mistérios iam a público.

Apesar disso, o ano de 1927 foi importante para Dion Fortune: contra todas as probabilidades, ela arranjou para si um bom partido, e se casou com Penry Evans em abril daquele ano. Esse período marcou o início de seus principais livros, sem mencionar os artigos mensais os quais ela escrevia para a revista *Inner Light*. A primeira obra publicada foi *The Problem of Purity*, o último livro que saíra com seu nome de solteira, e que reflete alguns dos conselhos e orientações que oferecera às pessoas nos primeiros anos da psicologia, em uma sociedade que encarava o sexo com base na culpa. Uma vez mais, vinda de uma jovem moça naqueles tempos, tais conselhos eram uma oferta impactante e indelicada; pelos padrões de hoje, entretanto, parecem risíveis e extremamente comportados.

Seu primeiro romance também foi publicado nesse mesmo ano: *The Demon Lover*, ótimo relato sobre uma inocente heroína, Veronica Mainwaring, nascida com poderes psíquicos e aprisionada por um adepto moralmente corrupto para espiar seus mestres no plano astral. Isso conduziu a todo tipo de eventos bizarros de vampirismo etéreo, contra-atacados por meios ainda mais drásticos. Mais tarde ela disse que sua intenção havia sido pura e simplesmente escrever um suspense, mas, ao longo do processo de escrita, a obra acabou se tornando uma saga sobre a purificação da alma por meio da iniciação. Uma vez seu maior intérprete, Gareth Knight, comentou: "(...) difere de seus romances que foram escritos mais tarde no sentido de que aqui ela olha para o ocultismo sob o viés da psicologia – enquanto nos romances mais recentes ela passa a interpretar a psicologia sob o viés do ocultismo. Ela mesma afirmou isso, e existe de fato uma diferença profunda entre suas primeiras obras ficcionais e aquelas mais recentes".[37] Não menos importante é o fato de que ela foi aprendendo a arte ao longo dos anos.

Dion vivia com seu marido médico no 3QT, que servia de moradia e também como templo ativo devotado aos Mistérios Ocidentais – e ela estava quase comprando outro lugar chamado Chalice Orchard, no sopé de Glastonbury Tor. Essa colina mística era de enorme

---

37. "Gareth Knight. About Dion Fortune", no site http://www.angelfire.com/az/garethknight/dfbooks.html (acessado em 4 de agosto de 2009).

importância para ela. Rezava a lenda que o topo havia sido ponto de encontro da Caçada Selvagem; abrigava uma caverna onde dormiria o poderoso Rei Artur à espera da conclamação às armas quando sua nação precisasse dele. A lenda ainda atrai pessoas hoje em dia, em grande parte devido aos trabalhos mágicos que ela realizou ali.

Por volta de 1930, a Fraternidade havia estabelecido três graus dos Mistérios Menores, e Dion Fortune foi capaz de se retirar para trabalhar mais nos níveis interiores, por necessidades particulares – e o papel de Magus da Loja ficara com Penry Evans.

Então, de 1931 a 1935, ela começou um manuscrito que haveria de se tornar *A Cabala Mística* – ainda hoje um dos melhores livros sobre o assunto, três gerações mais tarde.

À parte desses escritos, a produção literária dela naquela década foi espantosa, embora diminuta se comparada à de Crowley. Por outro lado, ele tinha bastante tempo para devotar inteiramente à escrita. Alan Burnett-Rae, que havia passado alguns anos no papel de senhorio sofredor de Crowley, recorda-se de como, na metade dos anos 1930, chegava uma enxurrada de cartas na casa da Welbeck Street, endereçadas a "*Sir* Aleister Crowley", ou a outras de suas identidades anteriores como Lorde Boleskine, ou Conde de St. Germain, bem diferentes de A Grande Besta 666, Sacerdote dos Príncipes, etc. "Ele sempre afirmava ser um dos que tinham o 'Sangue Azul da Terra', um gênio e aristocrata. Quando foi reduzido à pobreza (ou à pobreza relativa), ele reclamou, ou se gabou, de que não havia sido criado para trabalhar e era, portanto, incapaz de fazê-lo". Essa era uma das desvantagens com as quais Crowley havia sido amaldiçoado: nunca tinha tido um emprego; nunca havia tido de aprender o dar e receber comum às relações humanas no ambiente de trabalho, nem desenvolvera o que Dion Fortune descreveu como lubrificantes sociais e maritais da pura cortesia.

Apesar das aparências, nem Fortune nem Crowley eram o que poderia ser chamado de "ocultistas profissionais", que infelizmente prevalecem bem mais no início do século XXI do que na época em que ambos viveram (na verdade, há muito que os ingleses detêm uma desconfiança inerente quanto a tais seres). Isso significa que eles não cobravam enormes cachês para dar aulas, nem ganhavam dinheiro realizando grandes iniciações cujo preço era proporcional ao provável saldo bancário do candidato. Embora a Besta houvesse aprendido a viver, ninguém jamais duvidou de que a Magia era prioridade em relação ao Dinheiro, e que os Deuses do profeta vinham antes do Deus do Lucro. Houve muitas ocasiões em que ele ficou genuinamente ultrajado com o fato de que alguns de seus iniciados haviam abusado de seu *status*, buscando domínio sobre os outros para obterem ganhos pessoais. DF criticava ferozmente "certas organizações americanas" que ela enxergava como sendo pouco mais do que fraudes à caça de dinheiro, e se recusava a chamá-las de Ordens. Seu principal alvo aqui era a AMORC, ou Antiga e Mística Ordem Rosae Crucis, fundada em 1915 por H. Spencer Lewis. Crowley também atacou o mesmo alvo em *Confissões*, na qual escreveu sobre "um dos charlatães que comandavam a fraude Rosacruz", e, sem nomear Lewis diretamente, prossegue para descrever e desconstruir as afirmações deste, mas acrescentando ser ele um rapaz de bom coração que de forma alguma era ignorante em termos de Mágicka.

Nenhum dos dois ganhou muito dinheiro com os escritos. Embora ela tenha facilmente conseguido editores que publicassem suas obras, elas tiveram vendas modestas, algumas poucas centenas. Em contraste, por causa de sua péssima reputação, AC era invariavelmente obrigado a publicar seus livros por conta própria, geralmente cobrando por eles um preço abaixo do custo, e mesmo assim não vendeu quase nada, quando vendia. Fortune sobrevivia com dinheiro do acordo de seu casamento, além de uma herança do avô; Crowley obtinha seus rendimentos de, vejamos, um homem chamado Karl Germer, além de somas indeterminadas e de frequência irregular da inteligência britânica. Se você emprestasse dinheiro a Crowley, nunca receberia de volta.

Enquanto DF era discreta ao lidar com o mundo, com exceção das palestras públicas ocasionais sobre uma gama de assuntos esotéricos, o mundo todo havia se apercebido da Grande Besta.

Em 1928, enquanto vivia em Paris, ele escreveu tanto *Magick in Theory and Practice* [Mágic(k)a: Teoria e Prática], quanto o estranho romance *Moonchild* [Filho da Lua]. Conseguiu encontrar um editor para esses escritos na figura de P. R. Stephenson, que já havia encabeçado as chocantes ofertas de D. H. Lawrence, e se deliciou ao ver os livros publicados um ano depois. O que ele nunca percebeu foi que uma certa sra. Evans tinha estado se esforçando nos bastidores para que o livro *Magick* fosse aceito pela respeitável companhia Rider & Co. Após um encontro em 19 de junho com o editor sênior, o sr. Strutton, e utilizando todos os seus poderes de persuasão para convencê-lo a aceitar a obra, ela se ofereceu para examinar o manuscrito (que havia recebido de Gerald Yorke) e eliminar tudo o que considerava "inaceitável", procedendo então para reescrevê-lo à máquina, de forma que ficasse pronto para publicação imediata. Na ocasião, o conteúdo ainda era demais para Rider; foi a Mandrake Press, minieditora de Stephenson, que aceitou publicá-lo, com financiamento parcial de um exasperado Yorke.

O livro teve uma primeira edição de 3 mil cópias, mas atraiu apenas sete leitores. Dion fez uma resenha ao público em que descrevia a obra como tendo uma qualidade literária irregular e "muita grosseria e indelicadeza, como todos os escritos de Crowley, e muitos trechos deliberadamente obscuros e alusivos".[38] Sem dúvida essas são as partes as quais ela teria eliminado sem – como ela sentia – prejudicar o texto essencial. Lawrence Sutin, o melhor biógrafo de Crowley, discorda dessa avaliação. Para ele, *Magick* era uma obra-prima modernista, e Dion Fortune fizera aqueles comentários por estar espelhando o conservadorismo daquela época.

E Lon Milo DuQuette também fez uma observação importante ao escrever: "Assim como todos nós, Crowley tinha várias falhas e defeitos. O maior deles, na minha opinião, era sua incapacidade de compreender que todas as outras pessoas no mundo não eram tão educadas e espertas quanto ele. Fica claro, mesmo em suas primeiras obras, que ele com frequência se deliciava diabolicamente em aterrorizar os que eram por demais preguiçosos, preconceituosos ou lerdos para compreendê-lo".[39]

Mas além de tudo isso, o que muitos dos leitores do outro lado do oceano nunca perceberam foi o quanto Crowley usava o que W. E. Butler denominava *pince-sans-rire*, ou seja, fazia piadas de um jeito aparentemente sério, e puramente britânico, que as pessoas acabavam entendendo de forma literal.

---

38. Citação no livro de Lawrence Sutin, *Do What Thou Wilt: A Life of Aleister Crowley* (New York: St. Martin's, 2000), p. 348.
39. Lon Milo DuQuette, *The Magick of Aleister Crowley* (York Beach, ME: Weiser, 2003), p. 5-6.

Mesmo tendo pedido desculpas a Crowley naquela carta mais recente, por não ser tão esperta quanto ele pensava, Dion não estava, nesse quesito, tão preocupada com o estilo e a moral de *Magick*, mas sim com o que percebera nas entrelinhas, como Adeptus que era. E logo escreveu em estilo técnico:

> Também as fórmulas com as quais ele trabalha seriam consideradas repugnantes e malignas por ocultistas acostumados com a tradição Cabalística, pois ele usa 11 em vez de 10 como base para as séries de batidas nas cerimônias mágicas, e 11 é o número das Qlipoth, ou as Sephiroth do Mal; uma série de 11 batidas, portanto, é uma invocação às Qlipoth. O texto não mostra isso claramente, e é uma horrenda armadilha para o estudante desavisado.
>
> Crowley tem, entretanto, uma visão impressionante sobre a filosofia do ocultismo, e quando ele a expõe, torna-se um escritor deveras iluminado; eu, por exemplo, não gostaria de minimizar meu débito para com seus escritos; entretanto, seus métodos práticos são outra questão, e, em minha opinião, são perigosos demais para serem utilizados em qualquer formato ou modo.[40]

Também no ano de 1930, Crowley se casou com a exótica e dolorosamente perturbada Maria Teresa de Miramar, que se tornou sua segunda esposa. Em sua empolgação inicial, ele a chamou de sua Alta Sacerdotisa Vudu, mas logo tudo começou a dar errado. Em um ano ele achou outra amante, Hanni Jaeger, uma artista alemã de 19 anos. Crowley escreveu à esposa: "Você deveria ir atrás do divórcio – encontrar um homem que aguente seu alcoolismo secreto e seu comportamento escandaloso". Assim como Rose, a primeira esposa de Crowley, Maria Teresa deu entrada em um hospício sofrendo de delírios em que ela era filha do rei e da rainha. Não importa muito se ela já era perturbada antes de conhecer Crowley, ou se ficou assim depois. Quando ela contou aos médicos que também era a sra. Aleister Crowley, o fato foi considerado como sintoma adicional de sua loucura.

---

40. Dion Fortune, "The Occult Field Today", em *Applied Magic* (York Beach, ME: Weiser, 2000), p. 65.

Antes de tudo isso, entretanto, a irmã de um de seus discípulos havia escrito às autoridades francesas reclamando do inglês imoral vivendo em seu meio; talvez por causa disso ele e sua nova parceira foram expulsos da França. Mesmo hoje não está clara a razão. O ocultismo francês sempre foi inseparável da política da França, e as inclinações reais ou inventadas desse *Raspoutine anglais* [Rasputin inglês], ou *Mage noir*, dificilmente teriam escandalizado muito os franceses. Por outro lado, um pequeno jornal reportou que ele fora chutado para fora do país por atuar como agente secreto para a Alemanha. Na verdade, como aponta Richard Spence: "Uma ligação entre Crowley e a inteligência alemã pode não ter sido invenção da imprensa gaulesa (...) seu principal devoto alemão, Karl Germer, tinha ao menos uma associação no passado com os serviços secretos de Berlim".[41] Mesmo assim, suas afirmações de que havia sido agente duplo devem ter soado verdadeiras, porque os oficiais da inteligência britânica encarregados de resolver o caso, Gerald Yorke e o oficial sênior Arthur Burbury, asseguraram-se de que Crowley acabasse ganhando permissão para voltar à Grã-Bretanha sem ser incomodado. Yorke mais tarde comentou com uma figura sênior da Scotland Yard: "A Besta não era assim tão bestial quando fingia ser".

Isso era algo que Dion Fortune, com seu discreto modo de vida, também levou em conta. Escreveu ela na revista *Inner Light*:

> Mas ao passo que me dissocio dos métodos de Crowley, não gostaria de minimizar meu débito para com a contribuição valiosa que fez à literatura ocultista. A partir de seus livros, o estudante avançado que sabe ler nas entrelinhas e separar o joio do trigo pode aprender imensamente; se nosso interesse se limita aos escritos de um autor, não é preciso que nos preocupemos com seu caráter pessoal ou sua vida privada (...).[42]

A vida privada dele nunca foi particularmente privada, afinal. Em parte, isso se devia ao fato de ele ser bastante noticiável, e também ao seu clássico *The Confessions of Aleister Crowley: An*

---
41. Richard B. Spence, *Secret Agent 666*, p. 205.
42. Dion Fortune, "The Occult Field Today", republicado em *Applied Magic*, p. 66.

Autohagiography, que saiu em 1930 e foi dividido em seis tomos, cada um com o seguinte título:

1. Em direção à Golden Dawn
2. A Aventura Mística
3. O Advento do Aeon de Hórus
4. Trabalhos Mágicos
5. O Magus
6. A Abadia de Thelema

A edição original de 1929, da Mandrake Press, incluía apenas os dois primeiros volumes, mas todas as edições a partir de 1969 vêm incluindo todos os seis. A obra fornece um retrato íntimo de Crowley e também de uma era. Como livro, é inteligente, quase brilhante, mesclando-se pomposamente com o sardônico, além de ser deliciosamente e espantosamente esotérico e cheio de soberba e infalível autoconfiança. Fala a montanhistas, magos, hedonistas, malandros, aventureiros, libertinos e viciados em drogas. Ou como John Symonds se lembra de ter ouvido Crowley dizer: "Eu sou a Besta, eu sou a Palavra do Aeon. Eu gasto minha alma em torrentes flamejantes que rugem Noite adentro, em rios que com línguas derretidas sibilam enquanto lambem. Eu sou uma porra de um Santo Guru".[43]

Ao mesmo tempo em que é um parágrafo de tom superlativo, o tipo de descrição que sairia do seu Sino Mágicko, ele descreve Crowley, o Mago. Sempre vale a pena considerar a própria avaliação que ele faz de Crowley, o Homem, quando escreve: "Será que alguma vez fiz algo de valor, ou sou um mero zombador, existindo por uma série de mudanças de um ou outro tipo? Um vagabundo, um covarde, um laranja? Não consigo achar resposta para nada disso, sendo portanto o óbvio veredicto: 'Culpado'".[44]

Na mesma época, em 1930, Dion Fortune escrevia sua própria autobiografia, embora nunca tenha sido anunciada como tal. O livro

---
43. John Symonds, *The Great Beast* (London: Mayflower, 1973).
44. Ibid.

em questão ganhou o nome extremamente esquisito (para aquela época) de *Autodefesa Psíquica*, com o subtítulo de *Um estudo sobre a patologia e a criminalidade no ocultismo*. Muitos de seus livros eram simplesmente coleções de ensaios sobre algum tema difícil, mas esse era guiado por um propósito. Não era tanto um tratado sobre defesa contra entidades malignas, mas sim uma autobiografia mágica. O livro era estranho, tinha trechos bizarros, e dá detalhes suficientes para ser possível acreditar na veracidade dos acontecimentos, mas nunca claro o suficiente para que os personagens fossem reconhecidos. Afinal, muitos deles ainda estavam bem vivos, e sempre havia o perigo de processo judicial. Em outras seções, é também uma bela obra que mostra o primeiro vislumbre dos ritmos peculiares que ela mais tarde usaria com grande efeito em seus dois últimos romances:

> Tive minha cota de aventuras na Senda; conheci homens e mulheres que sem dúvida podiam ser classificados como adeptos; vi fenômenos como jamais se viu em uma mesa branca, e lidei com muitos deles; participei de lutas psíquicas e montei guarda na lista da força policial ocultista que, sob comando dos Mestres da Grande Loja Branca, mantém guarda sobre as nações, cada uma de acordo com sua raça; mantive vigília oculta quando ninguém se atreveria dormir enquanto o sol estivesse abaixo da linha do horizonte; e aguentei desesperadamente, combinando meu poder de resistência contra o ataque até que as marés lunares mudassem e a força do massacre expulsasse a si mesma.
>
> E mediante todas essas experiências, eu estava aprendendo a interpretar o ocultismo à luz da psicologia e a psicologia à luz do ocultismo, ambos se verificando e se explicando mutuamente.[45]

Assim, ela nunca perdeu de vista seus *insights* humanos, apesar das extraordinárias aventuras nos níveis interiores.

Por volta dessa mesma época, na metade dos anos 1930, seus três templos funcionavam a todo vapor nos níveis interno e externo: ela tinha o quartel-general da Fraternidade no endereço 3QT, além do centro de peregrinos conhecido como "Chalice Orchard Club" em

---

45. Dion Fortune, *Psychic Self-Defence* (York Beach, ME: Weiser, 2001), p. xxv. Publicado pela primeira vez em 1930.

Glastonbury, junto com aquele templo conhecido como o The Belfry, dedicado aos mistérios de Ísis, na região oeste de Londres.

Em contraste, Crowley alugava uma série de quartos em várias residências de Londres, das quais ele era expulso por não conseguir pagar as contas. Entretanto, como qualquer Mago verdadeiro sabe, os verdadeiros templos são internos e existem em reinos imateriais e que podem ser acessados não fisicamente. A falta de uma base do tipo não impediu que ele interrompesse sua prática de Mágicka durante esse período, e com certeza nunca faltaram pessoas dispostas a trabalhar com ele, ou para ele. Um desses foi Israel Regardie...

Israel Regardie nasceu em 1907 em meio a uma família de judeus ortodoxos imigrantes nos cortiços do extremo leste de Londres. Em 1921, eles emigraram novamente, dessa vez para os Estados Unidos, onde ele nutriu sonhos de se tornar um artista, embora tenha sido sua descoberta dos trabalhos de H. P. Blavatsky e todas as coisas esotéricas o que realmente acendeu seu espírito. Em março de 1926, ele foi iniciado no grau de Neófito na Faculdade de Washington da "Societas Rosicruciana in America", ou SRIA. Por volta de junho já havia avançado para o grau de Zelador. Tudo ia bem – até que ele leu o *Livro Quatro* de Crowley, e tudo ficou *deveras* estranho.

Após receber a carta do jovem, Crowley o convidou para se unir a ele em Paris, onde Regardie se tornou secretário e ajudante geral de Crowley. O método da Besta para iniciar o pudico moço virgem nos caminhos dos ensinamentos Thelêmicos tomou rumo inesperado na primeira noite quando, após um café e conhaque, Crowley e sua amante Kasimira Bass fizeram sexo no chão "(...) como um casal de animais, bem ali na minha frente".[46] Lawrence Sutin notou que, como forma de lidar com algo semelhante ao puritanismo, essa confrontação direta com as coisas que causavam repulsa era marca registrada do método de ensino de Crowley.

Naquela ocasião, embora Regardie houvesse tentado convencer o patrão a lhe ensinar as artes mágicas, não conseguiu ir muito além.

---

46. Israel Regardie, *The Eye in the Triangle: An Interpretation of Aleister Crowley* (Phoenix, AZ: Falcon Press, 1982).

Então, ele continuou a estudar magia por conta própria, lendo cada grimório, artigo ou manuscrito que encontrasse disponível. Quando a Besta foi expulsa da França, o emprego de Regardie chegou ao fim.

Apesar de um adeus rancoroso, Regardie tentou reparar a imagem pública de Crowley, naquele momento completamente suja, coescrevendo um livro que P. R. Stephenson denominou *The Legend of Aleister Crowley* [Aleister Crowley, a lenda]. A obra buscava restaurar o equilíbrio e mostrar que se cometiam mais pecados contra o Mestre Therion do que ele mesmo cometia. Até certo ponto isso era verdade: Crowley era então como as celebridades que sofrem o massacre dos tabloides hoje em dia e cujo menor movimento, cuja menor fala, são sujeitos ao escrutínio e à distorção do pior tipo.

Regardie, que nunca se tornou um Thelemita de verdade, mas permaneceu sendo o que ele mesmo chamava de "homem da Golden Dawn" até o fim da vida, começou então a escrever seus próprios livros, e foi capaz de sobreviver por causa dos contratos pelos livros *A Árvore da Vida* e *Garden of Pomegranates* [Jardim de Romãs]. Foi então que ele teve contato com Dion Fortune.

Em uma carta que enviou do 3QT a Regardie, datada de 1º de novembro de 1932, ela escreveu:

> Riders acabou de me mandar seus dois livros com o pedido de que eu faça um artigo sobre eles, e é nisso que estou trabalhando agora. Tenho ambos os livros no mais alto conceito, especialmente "A Árvore da Vida". É um dos melhores livros sobre magia, em minha opinião, não querendo desmerecer Crowley ou Levi. Acredito ser uma obra de excepcional qualidade.
>
> Lamento que não haja chance de encontrá-lo pessoalmente em um futuro próximo: acho que uma conversa assim teria sido bastante significativa. A magia cerimonial é uma questão que me interessa especificamente, e estamos todos bem equipados para praticá-la tanto aqui quanto em nosso centro em Glastonbury. Glastonbury é um local particularmente interessante para os trabalhos, uma vez que estamos perto de Tor, a "Colina da Visão". Talvez algum dia você consiga nos visitar ali.
>
> Depreendo das correspondências presentes em "Garden of Pomegranates" que você está usando o "Sistema da Golden Dawn",

que eu mesma utilizo. Creio ser de longe o melhor. Crowley revela o sistema todo em *777*, mas também tenho Mathers MSS para checar e comparar.

Eu mesma tenho feito alguns estudos sobre a Árvore da Vida, eles vêm sendo publicados em série em minha pequena revista (...).[47]

O trabalho que ela estava fazendo com a Árvore da Vida se referia a seu próprio clássico que estava quase sendo publicado: *A Cabala Mística*, que saiu em 1935. Seu ânimo provavelmente se devia ao que tinha lido nas provas de Regardie, porque em 14 de novembro de 1932 ela escreveu novamente a ele:

> (...) Acho que você sabe que revelou tim-tim por tim-tim o sistema da Golden Dawn inteiro, não? É um sistema guardado por juramentos com as punições mais horrendas para quem quebrar. Acredito que você não tenha sido assassinado por forças invisíveis! Haverá pessoas muito bravas em certos lugares. Mas o que você disse precisava muito ser dito; eu mesma tentei fazer algo parecido nesse sentido, mas não tanto quanto você. Você fez com que minhas discretas [*sic*] contribuições parecessem insignificantes!
>
> Aguardo uma oportunidade para nos encontrarmos em um futuro não muito remoto.

Eles se encontraram no dia seguinte. Seguiu-se outra carta dela datada de 16 de novembro de 1932 mostrando que haviam removido todas as barreiras para se encontrarem.

> Estou tão feliz que você tenha gostado de nós, porque gostamos muito de você! Espero que sua visita tenha sido a primeira de muitas, pois há várias coisas interessantes que poderíamos discutir juntos. Fico tanto tempo despejando conteúdo sobre aqueles que simplesmente se sentam aos meus pés e abrem a boca, que é um grande prazer encontrar uma pessoa com quem posso conversar "no mesmo nível".
>
> Seria muito interessante se pudéssemos realizar algum trabalho prático juntos; o equipamento e as condições estão aqui para serem utilizados. Temos que nos encontrar de novo num futuro próximo e discutir as possibilidades (...)

---

47. Coleção particular de Maria Babwahsingh.

> Não, eu não tive qualquer pensamento sobre espiar em conexão com você, e espero que você não tenha tido nenhum em conexão com meu interesse em A. C., a quem aprecio discretamente. Eu gostaria que fosse possível fazer algo por ele sem queimar os dedos.

Então, ela claramente ainda não havia se encontrado com a Besta nessa época, daí o interesse em fazer perguntas a Regardie, como faria qualquer pessoa. Quando foi publicada *A Cabala Mística*, ela afirmou de forma bastante clara que embora se baseasse nos escritos de MacGregor Mathers e Aleister Crowley, nunca os havia conhecido pessoalmente. Mathers havia morrido em 1919, e Crowley, bem... embora ela não dissesse com todas as palavras, não era o tipo de indivíduo que uma respeitável mulher casada tentaria localizar. Uma vez que ele estava morando na Inglaterra, nessa época, e ali moraria pelo resto da vida, é mais provável que ele tenha percebido a ascensão dela como figura de importância no estranho mundo da Mágicka, e que tenha feito críticas tímidas contra ela – especialmente após ler os elogios que ela fazia a seus livros. Um exemplo disso se encontra no ensaio "Ceremonial Magic Unveiled" [Magia cerimonial desvendada], em que ela escreve de um jeito que faria as orelhas de Crowley se empinarem e seu ego ronronar, deliciado:

> Daqui a cem anos, quando as controvérsias sobre a personalidade dele houverem esmaecido, Crowley será reconhecido, bem além de seu trabalho com magia, como um grande escritor de língua inglesa, tanto de prosa como de poesia (...). Embora seus escritos sejam marcados pelo humor mais rude e pelo tipo mais perverso de ofensa pessoal, são obra de um homem de gênio e magnífico escritor britânico (...).[48]

Ela estava certa e errada. Embora ele tenha escrito alguns trabalhos de gênio atormentado sobre magia, nunca foi um grande escritor de língua inglesa. Sua poesia, com exceção de algumas gemas, não resistiram ao teste do tempo, e sua ficção é banal. Todo mundo que começa a ler *Moonchild* pela primeira vez o faz de forma empolgada por causa do assunto pouco usual de que trata a obra; entretanto, muitos se desapontam com o estilo inepto e caracterização banal. Nem ao

---

48. Esse ensaio está no website da Sociedade da Luz Interior, em www.innerlight.org.uk/journals/Vol24No1/cermagic.htm (acessado em 5 de agosto de 2009).

menos há qualquer magia(k) escondida nas entrelinhas para exercitar os sentidos, e é fácil vislumbrar Crowley, o Exibicionista, de queixo erguido e peito estufado, discursando à sua audiência cativa, dizendo-lhe como ele mesmo é maravilhoso. Naqueles tempos, isso podia ser visto como um tipo de prosa de vanguarda, mas hoje é francamente túrgido. Comparando com *Moon Magic*, de Dion Fortune, é bastante óbvio que naquele gênero ela estava pelo menos em um patamar bem mais elevado como escritora. Se ambos sabiam ou não disso, é outro assunto.

Ela prosseguia, dizendo:

> Aquele que falar qualquer palavra para mitigar a condenação generalizada que vem sendo feita a Crowley terá uma tarefa ingrata, pois indivíduos aterrorizados imediatamente concluem que tal pessoa deve estar mancomunada com o demônio. Entretanto, o Sr. Regardie teve a coragem de fazê-lo, e eu gostaria de acrescentar minha voz à dele.

Se o sr. Crowley tivesse desejado uma aliada que o valorizasse por sua dedicação ferrenha à Magia(k), e que não desse muita importância à pessoa pública dele, essa pessoa estava lá, no 3QT, disposta a ficar contra o paredão e levar tiros de todos os lados.

O contato de DF com Regardie, entretanto, prosseguiu em direção a consequências explosivas, pois ela patrocinou a entrada dele para o Templo de Hermes da Aurora Dourada, então dirigido por Hope Hughes e Ada Severs, a quem Christine Hartley descrevera como "aquelas duas tolas". Elas haviam sido chamadas de tolas por várias outras pessoas porque Regardie, após obter o grau de Adepto Theoricus Menor, saiu da ordem em dezembro de 1934 e imediatamente publicou todos os Ensaios do Conhecimento que ambas haviam confiado a ele. Não foram as únicas a achá-lo encantador, entretanto. Maiya Tranchell Hayes, em carta a Jane Wolfe, comentou: "Eu tenho notícias frequentes de Israel Regardie, sempre encantador. Eu lhe empresto artigos sempre que ele pede – é muito empenhado e conhecedor".[49]

Por causa de todas essas publicações, alguns passaram a acreditar que a própria existência da Aurora Dourada estaria ameaçada, embora

---

49. Arquivos da O. T. O., 17 de julho de 1934.

o próprio Regardie tenha comentado de forma sagaz que a publicação da Missa Católica Romana não causou mal algum ao Cristianismo.

Dion, que se sentia responsável por lhe haver patrocinado a entrada no Templo de Hermes, escolheu o lado dele na disputa. Afinal, ela também havia sido acusada de quebrar seus próprios juramentos com os livros que havia feito. Cinco anos antes ela já havia entrado na controvérsia com seus comentários diretos em "Ceremonial Magic Unveiled", no qual ela defendia a decisão de Regardie de publicar seus primeiros dois livros, que se haviam originado da mesma fonte:

> Não fui capaz de ver qualquer razão legítima para manter tais coisas em segredo. Se elas têm qualquer valor no auxílio ao desenvolvimento espiritual, e eu, por exemplo, acredito que sejam do mais alto valor, não pode haver justificativa para não revelá-las ao mundo (...).

Seja qual for o tipo de crítica que possa ter sido feita a ela, ninguém jamais duvidou que ela tinha o "bem-estar da humanidade" profundamente arraigado em si. Quanto à relação entre Dion Fortune e Israel Regardie, eles parecem ter se desentendido, como quase sempre ocorre entre magos de gênio forte. Em uma carta datada de 11 de junho de 1938, ela encerrava friamente da seguinte forma: "Não consigo ver como posso lhe ser de alguma assistência nesse assunto, pois não faço questão de estar envolvida nessa controvérsia. Devo dizer, entretanto, que a referência a mim não tem fundamento. Até onde sei, não tenho motivos para reclamar do seu comportamento pessoal com relação a mim, embora ache que você tratou bem mal alguns de meus amigos".[50]

No ano de 1935, publicou-se *A Cabala Mística*, que foi de grande destaque na carreira de Dion como escritora de magia. A esse livro se seguiram os romances *The Goat-Foot God, The Sea Priestess* e *Moon Magic*, embora este último não tenha sido publicado até dez anos após sua morte. Como a própria autora comentou, cada vez mais confiante, sua *Cabala Mística* traz ao leitor todas as teorias de que este pode precisar, mas são os romances

---

50. Coleção pessoal de Maria Babwahsingh.

que trazem a prática de verdade, e estar entre esses dois tipos de obra era como receber as chaves do Templo.

Ela estava certa em ter orgulho do livro. É claro, é profundo e veio a influenciar quase todos os livros seguintes dela sobre o que poderia ser denominado Cabala Ocidental. Os melhores trechos se basearam em Mathers, os mais relevantes, em Crowley, e ela utilizou sua formidável intuição, somada a uma bem lapidada capacidade de escrita, para fazer tornar acessível um dos tópicos mais arcanos dentre todos. É preciso ser ótimo conhecedor do assunto e estar completamente imbuído dele para ser capaz de escrever de forma tão simples e lúcida (de forma que o homem ou a mulher comuns sejam capazes de compreendê-lo), coisa que ela consegue de forma admirável.

Do outro lado do caduceu estava Crowley, que, em 1935, viu-se humilhado nos tribunais e levado à falência. Isso aconteceu um ano depois que ele tentou processar Nina Hamnett por difamação após alguns comentários um tanto inócuos que ela fez em seu livro *The Laughing Torso* [O torso que ri]. O triste foi que, quem estava no tribunal era Crowley, o Homem, que nunca tinha sido visto em um lugar desses; Crowley, o Magus, não se podia ver em lugar algum. Segundo todos os relatos, com exceção do dele próprio, ele se mostrou como figura um tanto digna de pena, e suas tentativas de fala sagaz e cortante pareciam estar entre um Oscar Wilde de segunda categoria e um Winston Churchill de terceira. Hoje em dia, estar falido pode até ser visto como atestado de honra, ou como mero intervalo no progresso normal da vida; naquela época, no entanto, era um escândalo. E mesmo assim, Crowley fez o que sempre fizera: ele meio que deu de ombros, e seguiu com a vida.

Entretanto, se seu desempenho diante do escrutínio do tribunal não lhe trouxe admiradores, ao sair do tribunal uma mulher chamada Patricia MacAlpine (que ele veio a chamar "Deidre") se aproximou e se ofereceu para ter um filho com ele. Nove meses depois nascia seu primeiro e único filho, Aleister Ataturk.

Na verdade, embora nessa época ele estivesse perto dos 60 anos, e não em sua melhor forma física, além de ser viciado em heroína e sofrer de uma asma séria, para espanto de muitos indivíduos supostamente invejosos ele se envolveu constantemente com uma série de amantes, homens e mulheres, praticamente até o fim da vida.

Qual era a aparência dele, na época?

Viola Bankes não era ocultista, mas uma vez fez o papel de intermediária entre Crowley e o ator negro Paul Robeson na malsucedida tentativa de convencê-lo a atuar como protagonista na peça de Crowley, *Mortadello*. Por anos, escreveu ela, o nome de Aleister Crowley a empolgara da mesma forma como a Europa inteira se empolgara com Cagliostro no século XVIII. Quando ela finalmente se encontrou com ele, a impressão foi a seguinte:

> Ele não tinha as poderosas feições atraentes de um mago, nem as mãos fortes e inquietas de um poeta. Suas mãos eram peculiarmente pequenas e bem cuidadas, e me fizeram lembrar das garras delicadas de alguma ave; de rapina, talvez, mas sem imponência. A voz dele, que eu havia imaginado ser sonora, era leve e um tanto alta para um homem. Em seus olhos, entretanto, estava a resposta do enigma. Não havia dúvida de que esse homem, com sua força de vontade colossal e profundo conhecimento do ocultismo, era capaz de dominar uma vontade mais fraca e destreinada ao ponto que se pode chamar de magnetismo, e podia, se quisesse, obter domínio absoluto da mente e do corpo de seu alvo (...). Seus olhos, quando fechados, tinham a reserva sonolenta dos Orientais; mas quando ele os arregalava e deliberadamente prendia-os em outra pessoa, era impossível que esta deixasse de se sentir eletrizada pelo magnetismo que emanava de suas verdes profundezas.[51]

Outra pessoa que foi atingida pelo magnetismo de Crowley foi Bernard Bromage, que teve a impressão de ele ser um hipnotizador de grande habilidade, acrescentando: "Pude confirmar algumas das lendas que ouvira sobre ele quanto a uma imensa fascinação por mulheres; a forma como, não importando a época, a data ou se estivesse

---
51. Viola Bankes, *Why Not?* (London: Jarrolds Publishers, 1934).

apaixonada, elas todas desistiriam de tudo o que tinham, dinheiro, títulos, posição social, e fariam as malas para segui-lo!".⁵²

Quanto a DF, na mesma época, Ithell Colquhoun descreveu quando foi a uma das palestras públicas dadas em uma enorme sala de visitas no segundo andar do 3QT:

> Me lembro de ter comparecido a uma em 1934, quando o marido dela assumiu a diretoria. Ela era uma mulher grande, vestida de forma simples e convencional; seus cabelos eram de um loiro esmaecido, e à primeira vista ela passaria por uma governanta ou enfermeira-chefe de alguma clínica. Mas seus olhos, de um azul profundo e brilhante, sugeriam algo que não se podia aceitar tão facilmente. Esqueci-me de qual era o tema do discurso dela, mas me lembro da forma contundente como ela o expunha – ao menos externamente – e de seus avisos contra as falsas Ordens, os tubarões e charlatães do mundo ocultista de Londres. Ela era vigorosa e articulada e possuía certo grau de poder hipnótico – às vezes utilizado, se eram verdadeiros os rumores da época, para conseguir doações de seus discípulos em benefício de sua Fraternidade, é claro.⁵³

Apesar do fato de que esse último comentário é pura tolice, mostra como mesmo alguém aparentemente tão irrepreensível quanto Dion Fortune é capaz de atrair comentários um tanto vulgares e desnecessários. Imagine-se, então, o tipo de veneno que a Grande Besta atraía para si sem o menor esforço.

Por outro lado, ela talvez não fosse tão pura quanto esperavam algumas pessoas da época. Lembremo-nos de que DF e o Templo de Hermes haveriam supostamente se desentendido quando foi reportado a Hope Hughes que ela havia realizado um rito de magia negra dentro da Fraternidade, usando como altar uma mulher nua. Isso podia significar que Dion estivesse tirando sarro de alguém, coisa que ela era bem capaz de fazer, ou então que um dos membros mais delicados da Ordem

---

52. Revista *Light* (publicada pela Faculdade de Estudos Psíquicos, Inglaterra), vol. LXXIX, 1959.
53. Ithell Colquhoun, *The Sword of Wisdom*.

de Hermes havia espiado um dos "ritos de polaridade" que pareciam acontecer nos níveis mais altos da loja.

Durante esse período, Crowley teve várias Mulheres Escarlate, as quais definiremos mais tarde e que se esperava que tivessem um certo nível de comportamento sexual sedutoramente aterrador. Pode-se supor que aquele pilar de respeitabilidade, a muito bem casada sra. Violet Evans, estaria bem distante daquele tipo de coisa, e mesmo assim, era simplesmente necessário para seu próprio trabalho que ela tivesse seus sacerdotes.

Como explicava seu próprio Mestre interior, por meio de comunicações via transe:

> É possível uma troca de magnetismo entre pessoas do mesmo sexo, mas o problema é que o fluxo trocado dessa forma não consegue correr em circuito...
>
> Nos dias em que o marido dela (Penry Evans) lhe garantiu alguma proteção, não houve dificuldades, mas agora que a proteção foi retirada, o grupo deve lhe garantir alguma. Ela deve conseguir trabalhar dessa forma sem ser exposta a línguas escandalosas (...).[54]

Durante esse período, os sacerdotes conhecidos com os quais ela trabalhava eram Thomas Penry Evans, seu marido; C. T. Loveday, o leal cofundador da loja; o Coronel Charles "Kim" Seymour; e, quase ao fim dessa época, W. K. Creasy. O Mestre também implicava que devia ter havido outros, geralmente desconhecidos.

Naquele tempo, ela também ficara bastante impressionada com o personagem e os escritos de Bernard Bromage, autor de *The Occult Arts of Ancient Egypt* [As artes ocultas do Egito antigo] e *The Secret Rites of Tibetan Yoga* [Ritos secretos do Yoga Tibetano] – homem bem versado em qualquer coisa tântrica. Mas antes de conhecer Dion Fortune, fez uma série de visitas à Grande Besta, e saíra bastante irritado com seu atrevimento:

---

54. Gareth Knight, *Dion Fortune and the Inner Light*, p. 262.

> [Eu] ouvi educadamente enquanto Crowley dava uma volta em torno de mim, estudando-me de todos os ângulos. Entre outros tipos de atrevimento, ele fez um exercício de respiração ao longo da minha nuca. (A forma como o fez demonstrava algum conhecimento do sistema de hipnose tântrico com o qual sou, não por coincidência, mais familiarizado do que muitos; mais familiarizado, na verdade, do que o próprio Crowley. Então fui capaz de rebater seu movimento com um pouco de destreza astral de meu próprio repertório; e o Mestre recuou até a janela acortinada!).[55]

Mesmo assim, ele reconheceu que o velho mago tinha grande conhecimento dos Tantras Hindus e Tibetanos, da relação entre a Cabala e o sistema mágico sânscrito, dos ritos do ocultismo egípcio e da alquimia moderna. Ele também conhecia, obviamente, muito sobre a forma como os povos orientais encaravam a "questão do sexo", como costumava se chamar na época.

Mais tarde, quando Bromage foi apresentado a Dion Fortune em um encontro caloroso, ficou impressionado com o conhecimento que ela tinha da psicologia moderna e de sua experiência prática nessa área, e percebeu que ela fora capaz de discernir por si mesma a conexão entre o empirismo moderno e os dogmas testados e comprovados dos grandes ritualistas tântricos e cabalistas.

> Recordo-me de nosso debate sobre esse e outros tópicos similares: da natureza da técnica do amor e de como é a mulher, o dinamismo positivo, quem desperta a energia no homem, tornando-o então positivo; do papel representado pelo subconsciente ancestral na formação do caráter e da personalidade; do tremendo e às vezes aterrorizante poder da sugestão e seu uso na propaganda; da natureza da criança e da percepção dos animais.[56]

Era claramente uma expressão externa do trabalho que ela estivera desenvolvendo de forma privada por algum tempo. Em termos simples, quando se tratava das sutilezas dos trabalhos de polaridade, ele não estava meramente especulando: conhecia o assunto em detalhe.

---

55. Revista *Light*, vol. LXXIX, 1959.
56. Ibid., Spring [primavera] 1960.

Embora Seymour, um de seus sacerdotes mais influentes, tenha se afastado da Fraternidade e continuado a trabalhar com Christine Hartley, deixou em seu rastro um legado de ensaios soberbos, incluindo o manual de autoiniciação chamado *The Old Religion* [A antiga religião]. Hartley fez uma observação, a este que vos escreve, de que em essência *toda* magia é magia sexual – embora não necessariamente no plano físico. Insistiu que ela e Seymour nunca foram amantes, acrescentando: "Mas isso não significa que não houvesse sexo envolvido". Em vez disso, havia uma troca de energias em níveis mágicos para as quais o intercurso físico não passa de algo similar e menor. Como escreveu Seymour em seus Diários Mágicos desse período: "Eu *direcionei* a energia para ela. E ela a *puxou* de mim".[57]

A Grande Besta não teria tido tempo para esse tipo de coisa. Ele teria se jogado para cima de qualquer sacerdotisa que estivesse ao seu alcance. Mas como observou Alan Adams, Crowley era incapaz de diferenciar entre uma sacerdotisa e uma prostituta.[58]

Mas é claro que o mais importante em suas vidas naquele momento eram os eventos que estavam acontecendo na Europa e a tempestade que se aproximava, invocada pelos autodenominados homens-deuses que comandavam a Alemanha e a Itália. Que ninguém se engane: todas as pessoas no início dos anos 1930 tinham fascinação pelos regimes fascistas emergentes ali, embora Crowley afirmasse com desprezo que havia "enxergado através de Mussolini" dez anos antes, pouquíssimo tempo depois da chegada dele ao poder. Entretanto, o fato de que Il Duce o havia expulsado da Itália pode ter influenciado tais comentários.

Por outro lado, vários membros das classes abastadas da Inglaterra foram fortemente atraídos em direção a esse novo fenômeno que era o Nazismo – especialmente o rei Edward VIII. Quando ele abdicou do trono em 1936, o ato teve pouco a ver com seu amor pela sra.

---
57. Alan Richardson, *20th Century Magic and the Old Religion: Dion Fortune, Christine Hartley, Charles Seymour* (St. Paul, MN: Llewellyn, 1991).
58. Charles Fielding e Carr Collins, *The Story of Dion Fortune*.

Wallis Simpson triunfando sobre as repressoras regras do *establishment* britânico. Essa explicação era só fachada. O governo britânico fingiu estar escandalizado com o caso do rei com uma mulher casada porque sabiam que ele estivera, por algum tempo, vendendo aos Nazistas segredos de suma importância da inteligência britânica; era, com todo o sentido da palavra, um traidor. Armado o teatro, o Arcebispo de Canterbury e outros de posição parecida expressaram preocupação e desaprovação, precipitando assim a abdicação do rei; dessa maneira, o governo contribuiu para evitar a possibilidade de que eles um dia tivessem de considerar enforcar seu rei-imperador por alta traição.

Nos primeiros dias da subida de Hitler ao poder, nem Crowley nem Fortune sabiam dizer com certeza o que achavam do Führer, embora a Besta, que já havia entrado na velhice, e sempre com um olho nas possíveis vantagens de uma situação, tenha escrito a George Viereck em 1936:

> O próprio Hitler diz enfaticamente em *Mein Kampf* que o mundo precisa de uma nova religião, e que ele mesmo não é professor do assunto, mas quando o homem apropriado aparecer, será bem-vindo.[59]

Nem é preciso dizer que Crowley tinha certeza de que o Homem Apropriado em questão era ele mesmo. Na ocasião, o Partido Nazista se mostrou totalmente contra a O. T. O., levando Karl Germer para a prisão e suprimindo qualquer coisa ou pessoa que pudesse representar desafio à autoridade nazista. Se Crowley sentia que os objetivos de Hitler em *Mein Kampf* haviam sido inspirados – e de forma equivocada, talvez – no *Livro da Lei*, que ele havia recebido por volta de 30 anos antes, era normal que esperasse algum reconhecimento tangível por parte do alto escalão, fosse por meio da aristocracia britânica ou dos líderes nazistas que os primeiros admiravam.

E essa era a essência de Aleister Crowley: ele se associava completamente aos grandes deuses e eventos internacionais em desdobramento, e nunca houve um momento em que ele tenha pensado: "Isso não tem nada a ver comigo..." Quando, nos rituais, ele "Assumia a Forma de Deus" para conseguir se identificar com a consciência divina apropriada de forma a canalizá-la adequadamente, ele nunca de fato voltava ao normal quando a cerimônia terminava.

---

59. Citado em Lawrence Sutin, *Do What Thou Wilt*, dos arquivos da O. T. O.

Em contraste, Dion Fortune nunca perdeu de vista o fato de que, após "se elevar pelos planos" aos níveis mais altos da percepção mística e da união com a Deusa, era preciso no fim voltar à Terra e virar novamente a simples sra. Evans, que tinha uma casa para cuidar e um relacionamento para nutrir, de forma que nunca perdeu a si mesma.

Então, que eventos e influências teriam conspirado para torná-los tão diferentes, e ainda assim tão semelhantes?

Para isso temos de nos deslocar até 1920, quando ocorreram eventos cruciais na vida de ambos.

Capítulo Quatro

Os Templos e Suas Verdades

Em 1920, Aleister Crowley teve duas crianças de duas mulheres que muito o ajudavam, Leah Hirsig e Ninette Shumway, que já tinham filhos pequenos de outros relacionamentos. Após consultar o *I Ching* – o que ele fez até o fim da vida – decidiu que se mudaria com a tropa para uma pequena cidade medieval na costa norte da Sicília. E assim, a Abadia de Thelema foi fundada em Cefalu, de onde ele planejava espalhar a palavra do Aeon. O nome havia sido emprestado da sátira de François Rabelais,[60] *Gargantua e Pantagruel*, em que a Abadia de Thelema era descrita como uma espécie de antimonastério, dentro do qual seus habitantes passavam a vida "não de acordo com leis, estatutos ou regras, mas de acordo com seu livre-arbítrio".

Embora não se deva menosprezar a influência do *I Ching* nas decisões de Crowley, Richard Spence, com suas pesquisas de arquivos das inteligências francesa, alemã e italiana, descobriu ser provável que Crowley tenha sido mandado a Cefalu por seus superiores para espiar os movimentos navais italianos, assim como vigiar as atividades na costa da Tunísia, controlada pela França. Parece certo, entretanto, que esses mesmos superiores em Londres tinham graves reservas quanto à incapacidade crônica de Crowley em lidar com dinheiro, e também quanto à sua "corrupção moral".

Apesar disso, Crowley alugou uma casa de rancho térrea, solidamente construída, com paredes grossas e telhado de azulejo que, para os mortais comuns, era conhecida como Villa Santa Barbara,

---

60. 1494-1553.

mas que ele prontamente re-antibatizou de "Collegium ad Spiritum Sanctum". Esse estabelecimento de nome tão pomposo consistia em cinco quartos em volta de uma câmara central que se tornou o templo propriamente dito, em cujo centro ficava um altar de seis lados no qual eram mantidas seis velas e as tradicionais "Armas" mágic(k)as: espada, bastão, taça e escudo, além do todo importante *Livro da Lei*. No ano seguinte, os outros quartos haviam sido decorados ao gosto de Crowley, o Artista, incluindo "La Chambre de Cauchemars", ou Quarto dos Pesadelos, cujas paredes eram cobertas de poesias, profecias e exemplos gráficos de todo tipo de sexualidade que sua mente graficamente sexual era capaz de conceber.

Todas as manhãs ele fazia uma invocação a Rá; à tarde, Hathor; no entardecer, Tum; e finalmente Kepher à meia-noite. Sempre realizava ritos no templo, incluindo sua própria Missa Gnóstica. Os homens e as mulheres usavam mantos azuis com capuzes. As pessoas tomavam banhos de sol nuas. E havia bastante atividade sexual. Na verdade, o Mestre e suas prostitutas sagradas desempenhavam todos os intensos impulsos e necessidades que a espantosa imaginação dele, somada a uma exigente libido, podia criar. Ele insistia em dizer que não fazia nada daquilo por uma gratificação humana, mas como parte de um progresso mágic(k)o calculado que tinha como objetivo purificar e aperfeiçoar a alma.

Os novatos passavam por um período introdutório inicial de três dias em que eram tratados graciosamente. Se decidissem ficar, enfrentariam um currículo de estudos programado para durar três meses, durante os quais eles seguiriam os ensinamentos da A. A. de Crowley, bem como teriam aulas de Yoga e magia(k) ritual básica, estudariam os escritos já bastante volumosos de Crowley e aprenderiam a se elevar por através dos planos – normalmente com a ajuda de drogas. Tinham de registrar tudo em um diário pessoal que ficava disponível para os outros lerem, de forma que suas almas eram então completamente escancaradas. Além disso, tinham de realizar aquelas obrigações necessárias para o funcionamento da Abadia: comprar mantimentos, cozinhar, fazer faxina e servirem de secretários ao Mestre quando necessário.

O estudo obrigatório do currículo incluía aulas referentes a quatro tipos de livro, de A a D, sendo que a Aula A consistia em certos tomos que representavam: "(...) a fala de um Adepto completamente além da crítica até mesmo do Diretor Visível da Organização". Isso dizia respeito a todos os livros escritos pelo Mestre, é claro, e em vez de ser uma afirmação incrivelmente pomposa, era provavelmente Crowley dando uma de suas (quase sempre mal compreendidas ou nem mesmo percebidas) piscadelas para o mundo.

Essa seção também incluía: *Liber I*, que relatava o Grau de Mago; *Liber VII*, que tinha sete capítulos referentes a sete astros: Marte, Saturno, Júpiter, Sol, Mercúrio, Luna e Vênus; *Liber X*, que era sobre "(...) o envio do Mestre pela A. A. para cumprir sua missão, e uma explicação desta": *Liber XXVII*, "(...) sendo um livro de Trigramas das Mutações do TAO com o YIN e o YANG".

Havia muitos, muitos mais, mas com referência especial à obra-prima de Crowley *Liber CCXX*, também conhecido como *Liber al vel Legis*, que era "(...) o fundamento do Novo Aeon, e, portanto, do Todo de nosso trabalho".

Em outras palavras, o *Livro da Lei*, sobre o qual falaremos mais à frente.

Os discípulos vinham, estudavam e iam embora. Alguns falavam muito bem de suas experiências ali, e se deram bem com o clima de sexo livre. Outros ficaram profundamente chocados com a sujeira, embora ao usar tal termo estivessem na verdade se referindo à falta de limpeza do templo. Podia ser um reluzente templo na luz astral aos olhos iluminados do Mestre; mas isso era tudo que o lugar não era, do ponto de vista dos olhos terrenos de alguns quase discípulos. Deve-se considerar, entretanto, que muitos deles faziam parte daquele tipo de classe abastada que consideraria intrinsecamente suja qualquer tipo de existência rústica.

É irritantemente triste que a Abadia tenha vindo a ficar parecida com o pior tipo de cortiço para *hippies* drogados, detonados, doidões e adeptos do amor livre, típicos da era que veio a venerar Crowley. Fosse qual fosse a graça que essas pessoas acreditavam estar sendo derramada sobre si internamente pelos opiáceos, ela não se refletia nos planos externos. O suprimento infindável de drogas, administradas aleatoriamente – às vezes sem que o discípulo soubesse – significou que alguns indivíduos nunca se recuperaram totalmente. O Mestre Therion, em especial. Crowley havia cheirado, ingerido e fumado através dos reinos do haxixe, anhalonium, éter e mescalina sem que essas substâncias, acreditava ele, enfraquecessem sua Vontade ou atingissem-no seriamente. Mas a cocaína e a heroína acabaram com ele e o arrastaram para o horrendo buraco do qual ele nunca conseguiu sair de fato. Na época, ele estava consumindo três gramas de heroína por dia; ao fim da vida, sua necessidade era de 11 gramas. Para sua própria vergonha, ele, um Sacerdote de Hórus – o Sacerdote do Aeon que havia lidado com demônios de Abramelin e com o devorador de almas Choronzon –, foi incapaz de dominar a cocaína e a heroína.

O que diria Dion Fortune sobre esse aspecto em particular? Bem, ela tinha completa noção das virtudes que poderiam ter resultado do treinamento da Aurora Dourada em magia ritual, de acordo com as modificações feitas pela A. A. Em sua experiência, os adeptos da Aurora Dourada eram capazes de obter, utilizando-se de métodos puramente psíquicos, resultados bem melhores do que os que poderiam ser obtidos por usuários de haxixe e mescal – sem os efeitos adversos desastrosos.

Em *Magia Aplicada*, ela fala mais sobre o assunto, e fica claro que tem Crowley em mente:

> O risco a que essas drogas expõem seus usuários é psíquico, não físico; se o usuário não for especialista em ocultismo, absolutamente competente em selamentos e banimentos, tais substâncias podem deixá-lo aberto a invasões psíquicas, ou mesmo a obsessões, porque abrem as portas do astral à consciência despreparada (...).[61]

Na verdade, o próprio Crowley, após uma experiência de grande beatitude espiritual, perguntou-se uma vez o quanto daquilo havia se devido às suas práticas mágicas, e o quanto era devido ao haxixe. Ainda sob efeito de ambos, ele decidiu que apenas 10% se deviam à droga. É de se perguntar, às vezes, o que ele poderia ter obtido – se é que teria obtido alguma coisa – caso houvesse se mantido longe das substâncias.

Conclui-se disso tudo que Dion não teria permanecido por muito tempo na Abadia. Apesar do vago e ingênuo apoio que dava ao uso de

---

61. "The Occult Field Today", de Dion Fortune, *Applied Magic*, p. 76.

certas drogas, Crowley tê-la-ia tachado de reprimida e teria colocado algo na comida dela que *de fato* faria seus *chakras* girarem e então (nas palavras dele) teria dado uns tapas nas nádegas dela e lhe comido a bunda para ajudá-la a encontrar sua Verdadeira Vontade.[62] Mesmo assim, apesar de Dion parecer usar um tom altamente moralista, e da tendência de qualquer leitor em simpatizar com um indomável selvagem como A Besta, ela estava absolutamente certa quando se tratava dos comentários sobre as drogas. No fundo, ele mesmo sabia disso. Na verdade, tentou achar um sanatório em que pudesse dirigir seu próprio tratamento médico; de outra forma, ele teria de admitir que suas teorias haviam falhado – ou que ele havia falhado com seus Deuses.

Mas em meio a todo esse caos, reputada sujeira e degradação sexual aparentes, os comentários do próprio Crowley devem ser considerados: "Meu plano é limpar a ferida sexual de todos os germes (...). Meu objetivo não é apenas causar nojo, mas arrancar pela raiz a ideia de pecado". E ele falava sério. Falava extraordinariamente sério com todo o coração e a alma, como parte de um antigo e honorável sistema pelo qual os indivíduos tentariam vencer o caminho até a pureza e a gnose confrontando e cedendo a seus medos e pulsões mais profundos. E sempre que fazia sexo – o que ocorria com frequência – era sempre como parte da Magnum Opus, a tentativa de alcançar a união com Deus, e nunca por mera satisfação pessoal.

Alguns dizem que com eles funcionou. Outros discordam, mas dão dicas de haver se divertido tremendamente no percurso, coisa que não é sempre o caso nesse negócio de Magia(k).

※

E por onde andava Dion Fortune, na época? Estranhamente, também estava envolvida em trabalhos mágicos dentro de uma Abadia. Mas esta existia há mais de mil anos, havia sido construída, reconstruída e expandida até se tornar, por um tempo, uma das joias da cristantade medieval, além de centro de peregrinação por excelência. Embora suas estruturas externas estivessem arruinadas pelo tempo

---

62. Vários relatos contam que esse era seu método preferido de intercurso sexual com uma mulher. Com os homens, ele invariavelmente assumia a posição passiva.

quando Dion apareceu por lá, seu formato e função internos pareceram verdadeiros e eternos à visão psíquica dela. Então, em vez de passar seu tempo em meio aos climas quentes do Mediterrâneo, ela ficava cada vez mais no verde e quase sempre úmido oeste da Inglaterra, obcecada com a Abadia daquela pequena cidade que já fora outrora chamada *Ynys Vitrin*, ou Ilha de Vidro, e hoje é conhecida como Glastonbury. Foi ali que, entre os anos de 1920 e 1921, ela desenvolveu seus próprios poderes de transe mediúnico em colaboração com aquela importante figura mencionada anteriormente, Maiya Tranchell Hayes, e – de forma bastante separada – Bligh Bond.

Na verdade, o nome original de Maiya era Mabel Gertrude Webb,[63] esposa do dr. John Curtis Webb, que havia escrito dois livros revolucionários para a época: *Electro-therapy in Gynaecology* [A terapia de eletrochoque na ginecologia] e *Electro-therapy: Its Rationale and Indications* [A terapia de eletrochoque: métodos e indicações]. Esses títulos parecem assustadores hoje em dia, mas o que ele tentou desenvolver (tendo sido aparentemente bem-sucedido) foram as primeiras versões de aparelhos de estimulação elétrica.

Mabel – que ainda não havia se tornado Maiya – agia como uma espécie de vigia para se certificar de que uma Dion em transe não fosse incomodada por espíritos inferiores. O processo inteiro era dirigido e supervisionado cuidadosamente, e as comunicações checadas e testadas para terem certeza de que eram contatos genuínos com seres interiores úteis ao trabalho, em vez de meros produtos audíveis da imaginação. Todas as comunicações que se davam eram mais tarde examinadas cuidadosamente à luz do conhecimento que Dion tinha do simbolismo freudiano, era ver se alguma era resultado da ânsia pela realização presente em seu próprio subconsciente, ou seja, absolutamente não confiável. As técnicas ocultas utilizadas eram baseadas naquelas em que ela havia aprendido na Aurora Dourada.

No equinócio do outono de 1921, ela e a mãe Sarah Firth, além de Frederick Bligh Bond, viram sua mediunidade fazer contato com um grupo dos planos interiores conhecido como os Vigias de Avalon. Por intermédio deles, ficaram sabendo da existência do Colégio dos

---

63. Há uma carta no Instituto Warburg da sra. Curtis Webb a Norman Mudd, o discípulo mais ferrenho de Crowley, mas o acesso à missiva só será permitido em 31 de dezembro de 2039.

Illuminati que costumava existir em Glastonbury. O grupo também descreveu a linha invicta de descendentes de poder místico que se conectava diretamente com o solo, onde estão as raízes da alma da raça. Também revelou sobre um culto ao Sol e um culto à Serpente nas Tribos do Norte; sobre o poder da Abadia e a igreja original fundada por José de Arimateia e sobre os princípios da Arquitetura Cósmica e a verdadeira natureza dos Druidas.

E a grande colina conhecida como Tor também não tinha como passar despercebida: menos conhecida do público, mas ainda mais fascinante, eram os seios de uma vasta Deusa adormecida, e a torre do topo era um de seus mamilos cheios de leite. Nos dias bons, as energias dos mundos inferiores esguicham até a atmosfera como uma fonte. Nos outros dias, o lugar irradia uma aura de quase ameaça.

Em volta da Abadia e da colina, que se dizia serem parte daquelas terras, era possível distinguir enormes imagens retratando algum zodíaco primevo. E foi em um pequeno chalé de madeira no sopé de Tor, em Chalice Orchard, que Dion encontrou seu lar mais duradouro. Apesar de todo o atrativo do 3QT, apesar das maravilhas que ali aconteciam nos ritos, é Chalice Orchard que as pessoas mais associam a ela, assim como a Abadia do Aeon em Cefalu é inseparável de seu fundador.

Talvez assim fosse porque o sentido cristão de dualidade tinha sido resolvido, pois para os Druidas da Ilha de Vidro, bom e mau, certo e errado, corpo e alma eram conceitos um tanto quanto desconhecidos. A chave para filosofia Celta está na fusão de luz e sombras, natural e sobrenatural, consciente e inconsciente. Para a mente de Fortune havia três caminhos em Glastonbury: a rodovia da História, a trilha das terras altas da lenda, e a Estrada Verde da alma. Por outro lado, ela também conseguia chegar até ali por cortesia da Great Western Railway [companhia britânica de trens] e estar na "terra maes sancta na Inglaterra" em poucas horas. Ali ela estendeu um tendão psíquico até as profundezas e se enraizou até a eternidade. O que quer que Crowley estivesse fazendo com indivíduos no Quarto dos Pesadelos, Dion Fortune utilizava seu pequeno lar em Glastonbury para abrir a "Estrada Verde secreta" naquelas dimensões paralelas, enlouquecedoras, encantadoras e bastante poderosas do mundo das Fadas para as gerações vindouras.[64]

Naquela época, também, no início dos anos 1920, o Mestre Therion tentava com afinco encontrar um pupilo de sucesso – um que aprendesse tudo o que ele tinha para ensinar, que provasse ser um exemplo brilhante de suas crenças e então dissesse ao mundo: *Ad majorem Crowley gloriam*,[65] de certa forma. Ao final de 1922 ele sentiu que havia encontrado esse discípulo perfeito – termo de força insuficiente para descrevê-lo – na pessoa de Frederick Charles Loveday, um bacharel de Oxford com alguma distinção, que preferia ser chamado de Raoul.

Raoul e sua esposa Betty May chegaram à Abadia em novembro de 1922, e Crowley imediatamente percebeu que seu pupilo – a quem ele se dirigia como Frater Aud – progrediria de forma estrondosa na magia, sob sua batuta. Apesar do fato de que a esposa detestava o regime em que viviam no lugar, Loveday trabalhou com afinco sob a supervisão do homem ao qual ele via como um Mestre vivo. Não havia maravilhas do tipo óbvio, exceto pelas luzes azuis misteriosas e visões de uma divindade-búfalo, mas então Crowley disse, certa vez, que embora não tivesse poder suficiente como Mago, ele tinha a habilidade de precipitar crises espirituais dentro das pessoas, e achava que isso era parte de seu papel como Profeta do Aeon. Infelizmente, a crise de Raoul foi totalmente física, pois contraiu disenteria ao beber de uma fonte de água não potável nas montanhas. Então, o Filho Mágico em potencial morreu – prematuro, por assim dizer – em fevereiro de 1923.

Naquele mesmo período, durante o comecinho de seu trabalho em Glastonbury, Dion se envolveu profundamente em um currículo mágico similar ao que deveria ter sido experimentado em Cefalu; esse, entretanto, era organizado por seu próprio professor irlandês

---

64. Ver Alan Richardson, *Priestess: The Life and Magic of Dion Fortune*, edição revista e atualizada (Loughborough, UK: Thoth Publications, 2007). Todas as futuras referências serão feitas a essa versão, apenas.
65. "À grande glória de Crowley."

Theodore Moriarty (1873 - 1923) e dirigido a partir dos subúrbios ensolarados de Bishop's Stortford, em Hertfordshire. Vale dizer que nada tinha de sexo e drogas, embora o líder tendesse a fumar como uma chaminé.

Se a habilidade primordial de todos os gurus for atrair pessoas dispostas a financiar sua espiritualidade, então o dr. Moriarty não era exceção. Seu próprio "colégio" de ocultismo se tornara possível graças ao patrocínio de três irmãs: Gwen Stafford-Allen, Elsie Reeves e Ursula Allen-Williams, além de algumas dezenas de outros seguidores. Entre eles, encontrava-se a jovem e relativamente desconhecida Violet Firth, que já começava a construir uma reputação literária com os contos que escrevia para a revista *Royal* sob o nome de Dion Fortune – foi ali que esse nome apareceu pela primeira vez.

Era do casarão de Gwen, The Grange, que dirigiam a Sociedade de Ciência, Artes e Ofícios, nome aparentemente gentio, encabeçada pelo irlandês como gênio comandante. Ele insistia em ser chamado de doutor, em vez de mestre, como alguns deles queriam fazer, embora na verdade não fosse formado em medicina, nem tivesse um doutorado de origem identificável.[66]

Moriarty não se iniciara na Aurora Dourada, mas chegou ao cerimonial por meio da Maçonaria, adotando ao longo do caminho um tipo de "Teosofia Universal", embora não haja registros de que ele tenha sido membro da Sociedade Teosófica. Moriarty buscou permissão de sua loja Maçônica para admitir e iniciar mulheres, organizando tudo ele mesmo e se mantendo independente de qualquer um dos grupos comaçônicos. E o que ele ensinava – que se tornou tão importante para Dion – era a sabedoria da Atlântida desaparecida. Especialmente a proveniente do que ele descrevia como universidade sacerdotal na cidade de Glwn ("chamada às vezes de Glaun", como ele mesmo escreveu uma vez de forma professoral), que se estendia pelas margens do poderoso rio Naradek.

Segundo a visão dele mesmo, a essência dos ensinamentos atlantes vem sendo recuperada através das eras por tipos como Hórus, Mitra, Quetzalcoatl e Buda. Cada época produziu um exemplar do Princípio Christos, cuja tarefa é manifestar um estado de consciência

---

66. Para mais detalhes, veja: *Priestess: The Life and Magic of Dion Fortune*, da editora Thoth, apenas.

para além da consciência humana predominante da época em questão. Crowley teria acrescentado o Mestre Therion à lista, porque é claro que era exatamente assim que ele via a si mesmo, embora pareça ter demonstrado pouco interesse pela Atlântida – se é que alguma vez acreditou na própria existência física, para começar.

Assim como a Abadia em Cefalu, Moriarty organizou seu colégio de ocultismo com base em uma linha que hoje seria denominada gurdjieﬁana, por causa do trabalho do místico armênio George Ivanovich Gurdjieff em Fontainebleau, perto de Paris.[67] Ou seja, os pupilos tinham de trabalhar em áreas com as quais não eram familiarizados, ou com que não tinham facilidade. Os intelectuais ficavam com exigentes tarefas físicas que não requeriam uso da mente; aos tipos mais calejados eram dadas tarefas secretariais. Havia desafios constantes e uma disciplina ferrenha, além de certa quantia de debates privados sobre se aquele tipo de coisa era ou não de algum benefício. O programa foi realizado também na Sinclair Road, em Hammersmith, bairro de Londres, mas se deu de forma mais notável em Hampshire, entre 1920 e 1922, no The Orchard, Eversley, cuja dona era a irmã de Gwen, Elsie Reeves.

Os eventos na Abadia de Crowley se fizeram notar mais na época dos excessos com drogas e sexo do que pelo trabalho interno que foi tentado. Mas as atividades absolutamente castas e livres de drogas no The Orchard têm ainda hoje enorme poder de fascinar, em grande parte por causa da estranha autobiografia de Dion, *Autodefesa Psíquica* (publicada no mesmo ano de *Confissões*, de Crowley) que falava principalmente dos extraordinários eventos ocorridos naqueles anos do início de 1920 com seu próprio dr. Mirabilis.

É claro que ela teria vindo a saber daqueles escandalosos eventos em Cefalu, pois uma vez que a então viúva Betty May voltou à Inglaterra, contou ao *Sunday Express* tudo o que havia visto no tempo que passara com a Grande Besta, e o considerou completamente culpado pela morte de Raoul. Caso Crowley nunca tenha levado Betty para a cama – puramente por razões mágicas, é claro –, agora era ela que estava fazendo de tudo para mandar ver nele.

---

[67]. Há evidências sugerindo que Gurdjieff era, na verdade, um órfão londrino chamado Frederick Dottle.

Toda essa notoriedade teve um efeito colateral com o governo italiano de Mussolini, ao qual desagradava qualquer tipo de sociedade secreta, a começar com os maçons, e que decidiu que queria esse adorador do demônio fora do país o mais rápido possível. Para perplexidade de Crowley, entregaram-lhe uma ordem de expulsão em abril. Crowley, que nesse período acreditava ter alcançado o grau mágico de Ipsissimus, estando, assim, livre de todas as limitações e necessidades morais, vivendo em perfeita harmonia com o universo manifesto, viu-se mais uma vez despojado de tudo.

E da mesma forma como a morte de Raoul Loveday estava sendo comentada pela imprensa mundial, Dion estava ela mesma envolvida com um Loveday, embora esse não fosse nenhum gênio acadêmico e não houvesse qualquer sugestão de algo impróprio acontecendo entre ambos.

Charles Thomas Loveday, cujo Nome Mágico era o mote Amor Vincit Omnia – o amor vence tudo –, era 16 anos mais velho que Dion Fortune, e era executivo sênior na companhia londrina de bondes. Os dois Lovedays não parecem ter sido parentes. Dion e Charles se conheceram em uma noite enluarada em Chalice Well, arredores de Glastonbury, e embora nunca tenham se tornado amantes, ele permaneceu devotado a ela pelo resto da vida, e está enterrado a poucos passos dela.

Enquanto Raoul tinha a intenção de explorar e aperfeiçoar seu próprio Paganismo, o gentil Frater AVO pretendia fundar a Guilda do Mestre Jesus, em 1923. Embora metas boas e talvez grandiosas tenham sido alcançadas na Guilda de Loveday ao longo do tempo, ela se tornou um tipo de corte externa na Comunidade da Luz Interior, que foi fundada no ano seguinte e mais tarde se desenvolveu e se tornou a Fraternidade da Luz Interior, loja mágica com tudo a que uma loja mágica tem direito. Sua fundação ocorreu em 1927, quando DF sentiu que tinha suficiente *status*, experiência e contatos internos no campo da magia para ser capaz de encarar o desafio. Alguns dos magos sênior da Fraternidade relegavam a Guilda a segundo plano, pois haviam percebido que o verdadeiro trabalho mágico pesado estava sendo feito tanto no 3QT de Londres quanto em Chalice Orchard, Glastonbury.

O currículo da loja mágica envolvia o estudo do livro o qual ela mesma havia recebido, *The Cosmic Doctrine* [A doutrina cósmica], além de seu próprio método de aprendizado da Cabala ensinada pela Aurora Dourada. Também incluía intensos rituais individuais e em grupo nos quais se usavam os arquétipos de Avalon, como o rei Artur, Morgana Le Fay e Merlin; estranhos Santos Celtas; o Santo Graal e o Espinheiro-álvar [arbusto que cresce na região de Glastonbury]; os mundos das Fadas dos Sidhe que se interconectam com o nosso; e os Antigos Deuses e Deusas da Grã-Bretanha que precederam tudo o que era Cristão ou Druídico, e que podem ter tido origens na Atlântida, de onde fugiram após o cataclismo.

Nessa fase de sua magia, Dion trabalhava com as deidades nativas da Grã-Bretanha, além das deidades puramente ocidentais, e conseguiu torná-las universais em termos de relevância. Qualquer pessoa da América ou da Austrália, por exemplo, era capaz de fazer contatos interiores válidos com os arquétipos da Grã-Bretanha – que talvez possa ser vista como um estrato de consciência dentro da psique, em vez de entidade geopolítica. Antes de Dion, pouquíssimos magos haviam de fato pensado em trabalhar com as divindades Celtas e Pré-Celtas,[68] como Cerridwen, Arianrhod, Branwen ou a Morrigan, por-exemplo; hoje, tais divindades parecem estar em todo lugar.

Crowley, apesar das referências ao Graal, ou Santo Graal, trabalhava quase que exclusivamente com todos aqueles Cultos de Mistério que cercavam o Mediterrâneo, fazendo bom uso de seus profundos conhecimentos clássicos; ele aparentemente desconhecia, ou não tinha interesse, nas tradições de sua própria terra. Entretanto, também mostrou que um aspirante na Inglaterra poderia trabalhar de forma efetiva com deidades da Grécia ou do Egito, sem necessidade de ir até esses países.

Ambos escreviam furiosamente nessa época. Em 1922, Dion começou aquela série de contos coletivamente denominados *The Secrets*

---

68. W. B. Yeats foi uma notável exceção.

of Dr Taverner [Os segredos do dr. Taverner]; as histórias eram publicadas na revista *Royal* e se baseavam totalmente em Moriarty, que ainda era vivo.

Crowley, enquanto isso, quando não estava trabalhando em suas brilhantes *Confissões*, escreveu o populista *Diary of a Drug Fiend* [Diário de um viciado] na deliberada e um tanto razoável tentativa de tentar lucrar com o que ele enxergava como histeria e obsessão do público com relação ao assunto do tráfico de drogas. O dinheiro que a Besta recebeu adiantado pelo livro, 60 libras, não só lhe aliviou a barra como representou uma confirmação no plano espiritual de seu trabalho em prol do Novo Aeon, e ele buscou mostrar que era possível lidar com o vício em drogas exercitando a Verdadeira Vontade.

Na verdade, nessa época o Professor Mundial desse mesmo Novo Aeon havia encontrado o único Mestre frente ao qual ele sempre faria deferência, baixaria a cabeça e frequentemente se encolheria de medo: o nome desse Mestre era heroína. E nenhuma magia em qualquer um dos mundos foi capaz de libertá-lo desse vício, com ou sem Logos.

Entretanto, ao descrever a si mesmo como o Professor Mundial do Novo Aeon, como fez no livro que escreveu nesse período, *The Heart of the Master* [O coração do Mestre], estava ironizando algo que o irritava um pouco, mas que deixava Dion Fortune bastante preocupada: seu sarro se dirigia àquele jovem indiano que estava sendo venerado em todo o mundo civilizado como o próprio Messias.

Jiddhu Krishnamurti (1895-1986) foi efetivamente adotado pelo proeminente ocultista e líder teosofista Charles Webster Leadbeater, para quem o garoto era "veículo" do ansiosamente aguardado Professor Mundial. Em outras palavras, era outra versão do tema do Logos.

Contando com o ávido apoio de Annie Besant, presidente da sociedade Teosófica na época, criaram a Ordem da Estrela, que patrocinaria o progresso do menino, além de espalhar a mensagem e geralmente preparar o mundo inteiro para o tempo em que Krishnaji, como era chamado pelos íntimos, pronunciasse a Palavra que anunciaria sua Manifestação.

O absolutamente horrendo "Bispo" Leadbeater era um misógino ferrenho, e havia sido descrito por Crowley e Fortune como Mago Negro. Dono de indubitável clarividência, apoiado por um ego desviado e ultraespiritualizado, ele dominou completamente a pobre sra. Besant, outrora uma figura inspiradora no cenário político e campeã das mulheres trabalhadoras oprimidas. Pederasta, a quem Krishnamurti descreveria um dia como simplesmente "malévolo", Leadbeater conseguiu de alguma forma sobreviver aos crescentes escândalos que cercavam sua sexualidade.[69]

É fácil ver por que Crowley nunca sentiu necessidade de destilar muito veneno contra a Ordem da Estrela: ele sabia, com cada um de seus ossos, em cada célula sanguínea de seu corpo, que *ele*, o Mestre Therion, era o Professor Mundial, e não algum insignificante garotinho do subcontinente indiano.

Ele, na verdade, havia tido uma experiência com Leadbeater e seu compatriota James Wedgwood já em 1913, quando a Ordem Comaçônica que os dois comandavam se interessou em comprar o Rito Antigo e Primitivo de John Yarker, planejando transformá-lo em veículo de adoração de "Alcione", como então Krishnamurti era conhecido pelos especialistas. Em uma reunião em Manchester, Crowley atacou verbalmente a sra. Besant, descrevendo-a como "insignificante diretora" da Sociedade Teosófica, e seu parceiro ocultista ele classificou de maníaco sexual senil, que era "a mão por trás do estúpido fantoche Wedgwood, que dificilmente poderia ser chamado de homem, muito menos de maçom".[70]

Dion, entretanto, que não tinha ideias tão elevadas sobre seu próprio *status*, estava bastante certa de que Leadbeater e seus colegas (que às nobres senhorinhas da Sociedade Teosófica pareciam ser seres iluminados) eram na verdade Magos Negros do pior tipo. Ela se preocupava muito com todo esse movimento messiânico, e, por dizer abertamente sua opinião, viu-se sob ataque psíquico vindo de um dos comparsas.

---

69. Gregory Tillett, *The Elder Brother: A Biography of Charles Webster Leadbeater* (London: Routhledge & Kegan Paul Books, 1982).
70. "Relatório de Decisões em Manchester, com Nota sobre as Circunstâncias que Conduziram a Elas", em *The Equinox*, setembro de 1913, p. xxvii. Disponível online em http://www.the-equinox.org/vol1/no10/eqi10000.html (acessado em 5 de agosto de 2009).

A pessoa que atacou DF psiquicamente foi Bomanji Pestonji Wadia (1881-1958); ele chegara à Inglaterra nos anos de 1919 com a intenção de fundar uma escola de ocultismo dele mesmo, uma que fizesse frente ao trabalho de Leadbeater. Hoje em dia, o fato de que ele era um nacionalista indiano, e tudo o que mais queria era expulsar o Império Britânico para fora de seu país, é completamente compreensível. Mas para alguém como Dion, isso fazia dele objeto de suspeita. Na verdade, ela foi a uma das reuniões que ele promoveu; ali, por intermédio de meios meditativos, um pequeno grupo deles foi posto em contato com os Mestres do Himalaia.

> Pelo valor de meu testemunho, posso jurar que tais contatos eram genuínos; eu certamente entrei em contato com algo; mas embora não fosse algo maligno, para mim era estranho e pouco amigável, e me pareceu ser hostil à minha raça, mas isso é outra história. Seja como for, do meu lado não havia mais qualquer simpatia. Não tenho certeza se fui expulsa ou se saí, mas de qualquer forma a partida foi de comum e simultâneo acordo.[71]

Para seu espanto, enquanto passava os olhos pelo pequeno grupo, ela sentiu que era a única anglo-saxã de sangue puro presente, e não gostou da ideia de Wadia derramar a força espiritual regenerativa do Oriente na alma coletiva do Império Britânico, que *ele* sentia seguir um caminho errado, mas o qual *ela* insistia que era tudo por causa da exaustão em razão da guerra.

Para Dion, que nunca saíra de seu próprio país, os picos do Himalaia eram lugares de mistério e encantamento, embebidos em toda sorte de mitos e lendas que eram alimento para a alma de alguns. Ela havia crescido ouvindo todas aquelas histórias sobre os Mestres orientais, como Koot Hoomi e Morya, os quais haviam fornecido tanto da energia por trás da Sociedade Teosófica.

Em forte contraste, Aleister Crowley, o Caminhante entre os Restos, que raramente havia ficado em seu próprio país, já tinha escalado com sucesso alguns dos picos mais altos do Himalaia antes de qualquer outro montanhista fazer o mesmo; já tinha feito sexo com homens e mulheres ao longo de toda a extensão do subcontinente

---

71. Citado em O. E. [Oriental Esoteric] *Library Critic*.

indiano; já vivera como iogue, vestira-se como príncipe indiano, comera a comida, bebera o vinho e ingerira as drogas que faziam parte daquele reino que, para ele, era bem real.

Apesar de tudo, à Dion parecia que, em níveis bastante sutis, sua própria nação corria um risco vindo desse guru chamado Wadia, e não foi surpresa quando ela sofreu uma série de investidas psíquicas provenientes dele.

Em uma tarde, enquanto estava sentada conversando com um amigo, percebeu a forma dele dentro de uma esfera oval de luz enevoada, e contra-atacou usando o sinal do pentagrama e certos Nomes de Poder, que o afastaram. Mas uma atmosfera sinistra permaneceu, e a primeira resposta dela foi invocar seus próprios Mestres nos planos interiores – Mestres que eram inteiramente Ocidentais e que provavelmente entenderiam suas preocupações. A resposta veio bastante clara: ela deveria entrar em contato com o Coronel Fuller, que compareceria na próxima palestra que ela iria dar.

O Coronel J. F. C. "Magrelo" Fuller era uma figura cada vez mais eminente. Mais tarde ele se tornou um dos dois únicos ingleses a serem convidados para a festa de aniversário de Adolf Hitler, além de ser um tanto próximo de Oswald Mosley, líder dos fascistas britânicos; mas era um gênio na arte da guerra e tinha profundo conhecimento de Magia(k). Na verdade, alguns anos antes, a Grande Besta havia nutrido grandes esperanças com relação a Fuller da mesma forma como o fizera com relação a Raoul.

Para surpresa dela, ele de fato apareceu, pois tinha uma voz interior própria que lhe dissera que Dion estava para vir pedir sua ajuda, e que ele deveria fornecê-la. O que exatamente ele fez, ela nunca ficou sabendo; mas, alguns dias depois, Wadia saiu do país.

Durante aqueles acontecimentos, as preocupações de Dion com relação à Ordem da Estrela e a ira de Crowley em ter Krishnamurti como rival foram mais tarde resolvidas não por meio de batalhas mágicas ou manobra política, mas pelo próprio jovem Veículo. Em 1929, para espanto de todos e para seu próprio crédito junto à eternidade, ele dissolveu toda a frenética e sórdida estrutura que havia sido erigida em torno dele, declarando que a Verdade era uma terra sem caminho e afirmando não ser aliado de nenhuma nacionalidade, casta, religião ou filosofia, e passou o resto de sua longa vida viajando pelo mundo como indivíduo, falando a grandes e pequenas audiências e recusando ser colocado em qualquer pedestal.

Dion teria se impressionado com uma honestidade tão clara e direta. E provavelmente o Mestre Therion ergueria a sobrancelha, sem estar surpreso.

Hoje ninguém reverencia Krishnamurti, a não ser como digno ser humano; poucos ouviram falar de Dion Fortune; mas muitos milhares pelo mundo afora ainda veem Crowley como *o próprio* Logos do Aeon.

Ironicamente, isso foi possível por causa de uma organização que buscou avançar a imagem de Crowley da mesma forma que a Ordem da Estrela promoveu Krishnamurti – e pela mesma razão espiritual. Então, enquanto Dion se distanciava de todos os pretensos Messias, e estava ocupada em criar todas aquelas coisas no plano exterior que permitiriam à Fraternidade funcionar como corte externa da Aurora Dourada, Crowley se viu em um estágio crucial da vida, sendo convidado para assumir a posição de Diretor Internacional da Ordo Templi Orientis.

A Abadia de Thelema havia acabado. A Argenteum Astrum, após um início promissor, chegou a fazer algum barulho, mas foi a O. T. O. que forneceu a Crowley uma plataforma que assegurou que o Logos seria escutado até os dias de hoje, gerações após a morte da Besta.

Isso aconteceu porque um certo Heinrich Tränker, de Thüringen, na Alemanha, conhecido nos círculos ocultistas como Frater Recnartus, havia tido uma visão em que Crowley aparecia como líder de um grupo de Mestres. A Alemanha era muito mais receptiva aos escritos do Mestre Therion e seu *Livro da Lei* do que os compatriotas ingleses – provável razão pela qual ele sentiu que o *Liber al vel Legis* poderia ser enviado a Hitler.

Herr Tränker era na época líder de um grupo conhecido como Pansophia, mas quando uma vaga se abriu no alto escalão da O. T. O. com a morte de Theodore Reuss, ele se viu encabeçando as filiais alemãs. Como a Diretoria Internacional da O. T. O. estava agora vaga, a visão de Tränker fora clara como cristal: Crowley deveria se tornar chefe supremo de toda a organização. Os alemães provavelmente sabiam bem menos sobre a notoriedade dele do que a imprensa popular britânica e americana; de qualquer forma, eram naturalmente mais receptivos às ideias dele sobre a Magia Sexual.

A O. T. O., assim como a Aurora Dourada, baseava-se originalmente na Maçonaria. A filiação a ela se baseia em um sistema de treinamento espiritual e iniciação progressiva com o objetivo de ajudar cada pessoa a alcançar a gnose – conhecimento pessoal dos Deuses. Como escreveu Crowley em suas *Confissões*:

> A O. T. O. tem a posse de um segredo supremo. O todo de seu sistema [é] dirigido à comunicação a seus membros, por meio de dicas progressivamente mais claras, dessa instrução absolutamente importante (...). De acordo com isso, eu estruturei uma série de rituais, Minervo, Homem, Mago, Mestre-Mago, Mago Perfeito e Iniciado Perfeito, com o propósito de ilustrar o curso da vida humana em seu maior aspecto filosófico.

Nos graus superiores reestruturados, VIII-XI, os iniciados aprenderiam técnicas mágicas masturbatórias e autossexuais, técnicas mágicas heterossexuais e técnicas que utilizavam o intercurso. Afinal, ele nunca disse que a iluminação seria fácil.

Embora já fosse diretor da O. T. O. na Grã-Bretanha, essa promoção a pináculo supremo da Ordem no mundo inteiro foi a salvação de *sir* Crowley, como muitos deles o chamavam graciosamente. Apesar da oposição por parte de alguns membros mais antigos, e dos inevitáveis ataques mágicos (durante um dos quais a Besta foi vista sob a proteção de um cone invertido de luz azul), ele permaneceu liderando a O. T. O. pelo resto da vida. Quando entrou em cena Karl Germer, que aceitou Crowley o Mago e a direção em que este pretendia conduzir a O. T. O., o inglês finalmente passou a ter fundos modestos, mas regulares, e o nível de apoio de que precisava tanto. Agora que havia alcançado o absurdamente difícil grau de Ipsissimus, enquanto vivia em Paris, tudo isso era o mínimo que poderia esperar.

A questão que cerca se tornar um "Adepto" já foi tão enlameada pelos egos humanos (e os Adeptos da Aurora Dourada foram destes os piores) que pode ser uma boa ideia parar e olhar para o que isso realmente significa.

Dentro de todos os grupos mágicos havia, e ainda há, uma série progressiva de iniciações. Mesmo dentro de algo cheio de liberdade de espírito como a Wicca moderna, existem geralmente três graus. Os maçons têm até o trigésimo terceiro grau, ao passo que os magos que utilizavam o sistema da Aurora Dourada, baseado na Árvore da Vida cabalista, tinham dez. Tanto Crowley quanto Fortune eram bem familiarizados com eles, embora a Fraternidade da Luz Interior não os utilizasse. Em termos simples, os graus de iniciação dentro da Aurora Dourada, começando com o mais mundano, eram:

Primeira Ordem
Introdução – Neófito 0-0

Zelator	1-10	Malkuth
Theoricus	2-9	Yesod
Practicus	3-8	Hod
Philosophus	4-7	Netzach

Segunda Ordem
Intermediário – Grau de Portal

Adeptus Minor	5-6	Tiphereth
Adeptus Major	6-5	Geburah
Adeptus Exemptus	7-4	Chesed

Terceira Ordem

Magister Templi	8-3	Binah
Magus	9-2	Chockmah
Ipsissimus	10-1	Kether

Os números em par ligados aos Graus estão relacionados às posições na Árvore da Vida. O Grau de Neófito de 0-0 indica que o candidato nem ao menos botou os pés na Árvore. Para os outros, o primeiro número é a quantidade de passos para cima a partir de Malkuth, esfera mais abaixo, e o segundo número é a quantidade de passos para baixo a partir de Kether, na cúpula sublime.

O que invariavelmente acontece, se o professor que coordena o processo não for rígido, é que todos tendem a correr freneticamente para obterem o título de Adepto, quer mereçam ou não. O fato é que as iniciações rituais por si só não fazem absolutamente nada para melhorar a estatura interior de uma pessoa. O verdadeiro sentido de ser um Adepto ou Alto Sacerdote/Sacerdotisa é que o indivíduo fez, mediante esforços intensos e prolongados, contatos internos conscientes com o que pode ser chamado de Seres do Alto, e está agora em posição de ensinar aos outros e, acima de tudo, de aceitar a responsabilidade por tudo o que pode acontecer quando são abertos portais para os outros reinos.

Os Graus deveriam ser descrições de função em vez de **status**. Assim, um iniciado em Tiphereth (e, portanto, um Sacerdote do Sol) não é de forma alguma superior a alguém que entrou no grau de Yesod e se tornou Sacerdotisa da Lua.

Embora DF nunca tenha reclamado qualquer título pomposo para si mesma, a não ser ao admitir que era iniciada, parece ter recebido o Grau 5-6 com seu marido no Templo de Hermes. Mas seja qual for a definição, entretanto, Dion Fortune era Adepta na metade dos anos 1920 no mais verdadeiro sentido da palavra, e isso se refletiu na formação do grupo que ela comandou – com o modesto título de Guardiã – de forma justa e direita até o fim da vida.

Aleister Crowley, por outro lado, declarou ter alcançado o Grau de Ipsissimus em Paris, após o que ele mesmo chamou de "Provação Suprema", alçando-se a um nível superior ao dos Deuses e seus mandamentos. Algum tempo depois comentou: "Obtive o domínio sobre todos os modos mentais e fiz para mim mesmo uma moralidade mais severa do que qualquer outra no mundo, ao menos por sua liberdade absoluta com relação a qualquer código de conduta".[72]

Infelizmente, pelo fato de tantos declararem ter esse mesmo grau, antes de Crowley e até hoje (alguns claramente insanos), ninguém pode de fato dizer o quão acurada era essa autoavaliação de

---

72. John Symonds, *The Great Beast*.

Crowley. Mas é certamente um fato de que a recusa de Crowley, o Homem, em aceitar qualquer responsabilidade por suas ações prejudicou enormemente, em todos os níveis, muitas pessoas próximas dele, e talvez tenham sido apenas as gerações mais novas que obtiveram vários tipos de liberdade pessoal e gnose por causa da Magia(k) dele.

Quando se tratava de sua Fraternidade, Dion parece haver se desdobrado para evitar aqueles tipos de ascensão egoica que a estrutura de grau de Aurora Dourada parecia inspirar. Após um obrigatório período de estudos, se o candidato passasse na seleção, havia:

1. **Iniciação**: em que o aspirante se torna Sacerdote da Ordem de Melquisedeque.
2. **Mistérios Menores**: nos quais havia três ritos ou graus ligados à Montanha Sagrada na Atlântida perdida; cada rito despertava contato com um Adepto nos Planos Interiores, cuja identidade era cuidadosamente mantida em segredo por razões puramente técnicas.
3. **Mistérios Maiores**, que consistiam em:
   a) Mistérios Maiores Externos – em que se realizavam rituais como o Rito de Pã e o Rito de Ísis;
   b) Mistérios Maiores Internos.

Parece que, embora DF aspirasse à abertura dos Mistérios Maiores Internos dentro da loja, ela morreu antes que pudesse fazê-lo. Entretanto, estava tão poderosamente presente ali *após* sua morte, graças às médiuns Ann Grieg e Margaret Lumley Brown, que foi durante esse período de pós-morte que ela completou a Fórmula Arturiana começada alguns anos antes com Maiya Tranchell.

Nessa época, quando a Grande Besta Selvagem se dirigia à sua grande apoteose em Paris, causando um caos em torno de si, como devem necessariamente fazer as Bestas, Dion Fortune quietamente trabalhava para trazer dos contatos de seus planos interiores – seus Mestres – o que ela sentia ser um dos ensinamentos mais importantes que já recebera. Com efeito, essa Sacerdotisa da Lua havia tido um tipo de visão acerca dos mecanismos do universo, e agora tinha uma ideia sobre como tudo se relaciona e funciona em todos os mundos. Foi esse documento complexo e desafiador, *The Cosmic Doctrine* (que se tornou um estudo confidencial aos membros mais antigos da Fraternidade, e não foi apresentado ao público até 1949), que ela sentiu representar o *status* e a qualidade de sua organização.

É importante compreender o seguinte: ela não o escreveu, assim como Crowley não escreveu o *Livro da Lei*. *The Cosmic Doctrine* foi "recebido", como eles falavam na época, em 1923-24. Isso aconteceu, na verdade, após a morte de seu querido professor dr. Moriarty. É bem possível que ele tenha sido um dos comunicadores nos planos interiores que aparentemente tiveram de buscar as informações do livro em níveis bastante profundos, de fato, e trazê-las através de camadas e camadas de consciência. Então, do que se trata?

Se fosse possível ver dentro da mente de Deus – ou seja, ver dentro do Universo manifesto e não manifesto – e se fosse possível analisar sua estrutura da forma como hoje os cientistas analisam o DNA, então essa análise era algo que o *Cos. Doc.*, como era chamado na época, tentava expressar. Bem distante das complexas geometrias, o texto também olha para qualidades do tipo Bem e Mal como se fossem óleos lubrificantes em uma máquina, em vez de meras características morais no homem. O Mestre comunicou:

> Vocês agora estão em posição de saber por que é que o mistério do mal é o segredo dos Iniciados, por que quando você compreende o mal, este se torna extremamente útil. Mas o homem indisciplinado, se soubesse da utilidade e do lado bom do mal, usá-lo-ia dinamicamente pelo lado positivo de sua manifestação, e não estaticamente ao observar em si mesmo as qualidades negativas do mal, como faz o Iniciado. Perceba que essa é uma questão de geometria (...).[73]

O livro descreve os mistérios do Espaço e Tempo e a verdadeira natureza das entidades que habitam tais parâmetros, incluindo o

---

73. Dion Fortune, *The Cosmic Doctrine* (York Beach, ME: Weiser, 2000), p. 25.

Ser Planetário no qual cada um de nós está embutido e por meio do qual obtemos nossas vidas terrenas. De acordo com a visão de Dion, o Ser Planetário é um vasto Elemental composto da consciência de, digamos, tudo e todos. Cada ser humano, pássaro, besta, flor e inseto vivos, ou que já existiram e ainda existirão.

Como veremos mais à frente em outro capítulo, esse texto seminal e extremamente difícil difere da obra equivalente, e infinitamente mais acessível, escrita por Crowley.

Enquanto isso, em uma época na qual a maioria dos homens começa a ir atrás do êxtase e da quietude de cuidarem de suas hortas, Crowley deixava a Abadia para trás, descartando suas concubinas e discípulos imediatos (abandonando-os à própria sorte), e descobria ainda outra Mulher Escarlate, Dorothy Olsen, com quem ele viajou pela Europa, promovendo-se como *o* Professor Mundial, e com quem atravessou o deserto do Saara em um camelo. Exausto e descartando também Dorothy, ele então iniciou um relacionamento com a mulher que se tornaria sua segunda esposa: Maria Teresa Ferrari de Miramar, a quem ele considerava uma Alta Sacerdotisa Vudu e a quem apelidou carinhosamente de "Antiga Nilo".

O sóbrio jornal *Times* anunciou o casamento dele em um artigo quase respeitoso, que mostra que nem todos os jornais haviam comprado a ideia de que ele era o Homem Mais Perverso do Mundo:

> O sr. Edward Alexander (Aleister) Crowley, escritor e místico britânico, casou-se em Leipzig com a *mademoiselle* Maria Teresa Ferrari de Miramar, nascida na Nicarágua. A cerimônia de casamento, de acordo com o convite, foi realizada na presença do Cônsul Britânico (...).
>
> Recentemente, a França recusou ao sr. Aleister Crowley o direito de ficar naquele país. Ele afirmou que sua noiva também foi forçada a sair.
>
> O sr. Crowley nasceu em Leamington há 53 anos. Estudou na Faculdade Malvern and Trinity, em Cambridge. Já viajou pela China

a pé e foi recebido pelos sagrados lamas no Tibete; também alcançou outros lugares remotos, como a Península de Yucatán, no México.

Ganhou proeminência em Londres em 1911, quando seu retrato foi pintado por Augustus John.

Durante a Guerra, viajou para a América e participou da contraespionagem alemã, declarando tê-lo feito a pedido do Departamento Britânico de Inteligência Naval.[74]

É óbvio que aquele casamento era fadado ao fracasso, assim como todos os relacionamentos de Crowley. Mas ele tinha tantos, em uma sucessão infindável, alguns dos quais com a duração de poucos minutos e muitos dos quais com duração de anos, mas nos quais ele invariavelmente tinha tantos casos, que qualquer homem de libido é obrigado a admirá-lo por seu infinito poder de atração.

Talvez o amor, ou algo próximo do amor, estivesse no éter naquela época, pois em 1927 Dion Fortune tirou a máscara por um tempo para ser a humana e feminina Violet Firth, casada com o médico recém-oficializado dr. Thomas Penry Evans, tornando-se assim orgulhosamente conhecida, de acordo com as convenções da época, como sra. Penry Evans.

Merl (como todos o chamavam), um galês vindo da classe operária que servira no exército na guerra de 1914-1918 como atirador de elite, era considerado um bom partido. Por que, as pessoas se perguntavam, alguém tão bonito quanto Penry se enroscaria com alguém que nunca fora uma beldade? E isso em uma época em que o número de mulheres era bastante superior ao de sobreviventes do conflito sombriamente conhecido na Inglaterra como A Grande Guerra de 1914-1918. Estima-se que por volta de 2 milhões de mulheres tiveram de passar o resto de suas vidas sem um companheiro, tão grande havia sido a chacina nos campos de batalha de Flandres. Ele poderia ter escolhido quem quisesse – segundo rumores, era o que ele fazia, às vezes.

---

74. *The Times* (London), 19 de agosto de 1929.

Christine Hartley, que por um tempo foi aparente herdeira de Dion, disse-me que ele era um indivíduo incrivelmente atraente e magnético quando se conseguia conversar frente a frente com ele, coisa que a esposa não deixava que acontecesse com muita frequência. Ele também era, dentro da loja, um mago soberbo.

Em seus escritos, Dion dava a entender que o intercurso em si era bem menos efetivo do que a troca mágica de energias – o sexo *interno* –, embora seja possível que nunca saibamos o quanto desse tipo de troca acontecia entre o sr. e a sra. Evans. Na época em que Crowley escrevia sobre eles em seu diário, convidando o casal para um de seus famosos *chillis*, o casamento já estava se esfacelando e as pessoas se lembram de como ela cutucava o marido sem dó. Embora ele tivesse reputação de ser submisso, o termo "coitado" fosse talvez mais apropriado. Se era difícil para as mulheres de Crowley serem parceiras do Logos, não deve ter sido muito fácil ser casado com a Shakti da Era. Sem contar que Loveday e Dion haviam financiado parte de seus estudos médicos, de forma que ele se qualificou como médico, sentindo-se, sem dúvida, para sempre em débito com eles.

De certa forma, o pobre Penry não tinha a menor chance. Ali estava ele, um diamante bruto da classe operária, em uma época na qual coisas como a classe social eram de máxima importância. Embora fosse visto como um bravo jovem combatente durante a Grande Guerra, ele emergiu do conflito como tenente, e dez anos depois se viu em meio às classes altas em que alguns dos homens eram Capitães, Majores e Coronéis – embora nenhum deles houvesse lutado nas trincheiras de Flandres, nem visto o massacre que ele presenciara e que ajudara a infligir, por ser um dos soldados que manobravam metralhadoras no batalhão de elite.

Apesar de tudo, foi Penry, a quem consideravam ser um tipo de Merlin, que parece ter trazido as energias celtas para dentro da loja. Fazendo isso, ele removeu para sempre a última possibilidade de o lugar ser influenciado por algo tão aparentemente ridículo quanto o culto a Krishnamurti, que havia ocupado por tanto tempo os corações e mentes das pessoas ao longo da década anterior. É fato: não se pode considerar o fenômeno "Dion Fortune" sem dar crédito ao marido.[75]

---

75. Ver *Priestess: The Life and Magic of Dion Fortune*, por Alan Richardson (edição revista e ampliada, apenas) para detalhes adicionais a respeito desse mago tão humanista.

Em 1927, quando a reputação dela ainda estava começando a se espalhar, Dion recebeu uma visita de William G. Gray, então com 14 anos de idade:

> Decidi ir visitar Dion Fortune, cujo endereço em Londres eu havia obtido da *Occult Review*. Chegar ali foi fácil, mas me encontrar pessoalmente com a senhora em questão foi outra coisa completamente diferente. O dragão-fêmea na entrada era suficiente para desencorajar qualquer um, mas após algum debate minha entrada foi permitida, e me disseram rudemente que deveria esperar a presença em uma espécie de biblioteca de temperatura congelante. Gongos ou sinos misteriosos soavam ocasionalmente em outras partes da casa; alguém abriu a porta e me espiou pela fresta, saindo sem dizer uma palavra. Pensei ter detectado um leve cheiro de incenso conforme a porta fechava. Não havia relógios na sala e eu não tinha um relógio de pulso, mas me pareceu que um longo tempo estava se passando.
>
> Por fim a porta foi aberta bruscamente e Dion Fortune entrou, acompanhada de um tipo diferente de dragão que simplesmente sentou num canto distante da sala, olhando para mim em silêncio. "Bem, meu jovem", disse DF, "estão me dizendo que você é uma pessoa bastante persistente que se recusa a ir embora quando solicitado. Estou bem ocupada hoje, então me diga da forma mais rápida e clara que puder o que veio fazer aqui". Sentou-se na cadeira imediatamente, encarando-me e aguardando uma resposta, a qual eu havia ensaiado para mim mesmo com antecedência. Eu expliquei que me dedicava ao ocultismo e que desejava muito aprender tudo o que havia para saber sobre o assunto, e disse que tinha ouvido falar que ela dirigia uma organização que lidava com isso, e como então ela poderia me ajudar. Ela imediatamente fez a pergunta que eu mais temia: "Quantos anos você tem?" E tive de confessar que tinha apenas 14, e que estava quase terminando a escola. Então ela me disse em poucas palavras que a Sociedade não aceitava membros com idade abaixo de 21 anos, e que ela certamente não podia fazer nada sem o consenso por escrito dos meus pais, e nem, de fato, pensaria em aceitar um candidato menor de idade. De qualquer forma, havia um longo período de estudos requerido de cada pessoa antes de ser considerada como membro. Essas eram as regras, e ela não as havia feito para que

ela mesma as quebrasse, ou para que outra pessoa fizesse isso. Lamentou-se, desejou-me boa sorte, disse que isso era tudo e que quando eu fosse mais velho e mais experiente eu poderia tentar novamente. Ela esperaria por tal data com interesse e boa tarde para mim. Assim dizendo, ela saiu da sala rapidamente e a até então silenciosa mulher no canto se levantou e se dirigiu a mim com uma única palavra: "Venha", e então me levou até a porta externa, a qual fechou atrás de mim sem pronunciar qualquer outro som. Embora tudo houvesse sido feito da maneira correta, eu me senti absolutamente rejeitado.[76]

(É bem verdade, como me contou Bill 60 anos depois, que ela havia sido perfeitamente correta em sua resposta. Nas décadas que se seguiram, quando Bill veio a ser um dos intérpretes mais originais da Magia dela, ela se tornou um de seus contatos mais potentes nos planos internos.)

Compare-se essa resposta com a de Crowley quando o jovem, e igualmente obcecado por magia, Israel Regardie se encontrou com ele pela primeira vez, tendo ignorado seus conselhos para desistir de todo o interesse por magia para trilhar e desvendar os caminhos do mundo, e se familiarizar com todo tipo concebível de vício. O Mestre Therion disse: "'Tem algum dinheiro com você, Regardie?', e sendo o jovem tolo que eu era, entreguei-lhe mais de 1200 dólares, e ele saiu e gastou tudo em champanhe e conhaque – sempre o melhor para si – e nunca vi o dinheiro de novo".[77]

Entretanto, sejamos imparciais com o "velho", como Regardie o chamava: ele compensou aqueles dólares mais tarde, por outros meios, e Regardie sentiu que a justiça tinha sido feita.

Ao olharmos tanto para DF quanto para AC dessa distância, fica aparente que eram ambos obcecados pela "Questão do Sexo", como era chamada na época – ou, mais comumente, o "Problema do Sexo".

---

76. Alan Richardson e Marcus Claridge, *The Old Sod: The Odd Life and Inner Work of William G. Gray* (London: Ignotus Press, 2003).
77. Citado em Sutin, *Do What Thou Wilt*, p. 337.

Mas, para a Grande Besta, não havia questão nem problema: ele transou como nenhum Mago de qualquer época jamais fez, e constantemente fazia a própria vontade.

Ao passo que Violet... ela brigava e lutava internamente e externamente, e provavelmente não foi bem-sucedida em chegar à gnose nessa área, apesar de publicar a *Filosofia Oculta do Amor e do Matrimônio*, que para os de hoje parece inacreditavelmente casto, mas que foi tão chocante em 1922 a ponto de ela quase ser expulsa da Aurora Dourada por revelar seus segredos. Em seus dois livros escritos como Violet Firth, *Machinery of the Mind* [Maquinário da mente] (1922) e *The Problem of Purity* [O problema da pureza] (1927), ela se detém por um bom tempo analisando a questão que parecia ser a mais urgente de sua época.

No capítulo intitulado "Sublimação" do primeiro livro, ela escreve com relação ao sexo:

> Esse grande instinto, em seus aspectos mental e físico, é tão fundamental e tão poderoso que não pode, para segurança do indivíduo, ser completamente reprimido, e nem, por segurança da sociedade, reinar livremente. Estamos entre a cruz e a espada com esse dilema, pois as leis sociais exigem que seja expresso sob condições bastante limitadas, que são as do casamento, e mesmo assim com certos limites; e a natureza exige que deva ser expresso assim que os órgãos físicos de sua manifestação estejam suficientemente desenvolvidos para funcionarem.

Isso foi antes de ela conhecer Crowley, e foi escrito quando ele ainda morava em Cefalu, fazendo de tudo para nunca reprimir ou sublimar o mais insignificante de seus próprios impulsos sexuais. Ela então prossegue para mostrar um pouco da sociedade em que vivia acrescentando:

> O homem comum resolve esse problema por sua própria conta ao ser conivente com a existência de uma classe pária de mulheres cuja existência é socialmente ignorada, além de ser fonte fértil de miséria, doença e crime. Mas para as mulheres, a menos que estejam preparadas para permanentemente se unir à classe de párias, não existe uma válvula segura de escape, e encontramos entre elas uma porcentagem mais elevada que a dos homens sofrendo de problemas

nervosos devido à repressão do instinto sexual. Isso também se aplica aos homens que, seja por idealismo ou medo de doenças, não tiram proveito de uma transigência.

Não é preciso ser sábio como um Ipsissimus para adivinhar o que o Mestre Therion teria dito se tivesse lido isso. Para ela, todo o fundamento da civilização estava ameaçado por esse problema da frustração sexual e da culpa; o que lhe dava alento era o fato de a psicologia moderna ter encontrado, por fim, uma solução:

> Tal problema se mostraria intratável no futuro, assim como foi no passado, se não fosse pelo fato de que hoje sabemos que a lei da transmutação de energia de uma forma a outra é tão verdadeira para a psicologia quanto para a física. A conversão é tecnicamente conhecida como SUBLIMAÇÃO.

Mas como, na real prática, isso poderia ser alcançado? Ela nos dá a resposta:

> Primeiro, temos de alterar completamente nossa atitude com relação ao sexo, e perceber que um problema não se resolve se o ignorarmos. Em segundo lugar, devemos considerar o problema do sexo fora do domínio do subconsciente, trazendo-o à mente consciente e o encarando de forma franca, bem como adquirindo domínio sobre ele com a prática do controle da mente, transmutando nossas emoções em vez de reprimi-las. Em terceiro lugar, ao fornecer um canal de interesse criativo através do qual fluirão para baixo as energias que desejamos desviar de seu canal primitivo de manifestação.[78]

Não é possível que ela tenha tido muito sucesso em sublimar seus próprios e ferventes desejos, porque cinco anos depois lá estava ela escrevendo *The Problem of Purity* [O problema da pureza], título com o qual a Besta teria concordado veementemente: a pureza era um problema. Quer dizer, se você tivesse a mesma inclinação dele e se nunca tivesse ouvido falar da Lei de Thelema, nem compreendido suas sutilezas liberadoras.

---

78. Sei que não é nada importante, mas enquanto eu digitava essas palavras, pude ouvir claramente a voz de Crowley na minha mente dizendo: "Sublimação meu c...".

Nesse livro ela sem querer sugere algumas técnicas que não teriam sido estranhas no grau IX da O. T. O., sugerindo um método de, com efeito, realizar "masturbação mágica" com o objetivo de aliviar a pior das tensões criadas pelo celibato.

"Em seguida", escrevia ela, "visualize a espinha como um tubo oco e faça uma imagem mental da sua mão circulando-a; então, com essa mão imaginária, comece a massagear a espinha com movimentos de espremer para cima. Como se tivesse um tubo suave de borracha que está bloqueado por algum sedimento, você pode se livrar da obstrução e esvaziar o tubo, espremendo-o com o punho que desliza ao longo da extensão, empurrando a substância ali contida para a frente da constrição no tubo com pressão dos seus dedos. É o mesmo processo que você vai utilizar em imaginação na espinha (...) com empurrões repetidos, gradualmente subindo pela espinha com movimentos de massagem (...)."

A partir disso, conforme as energias entrassem no cérebro, deveriam ser direcionadas aos centros intelectuais na testa, onde o celibatário deveria então visualizar o *ajna chakra*, ou Terceiro Olho. Então, ela tinha de imaginar a si mesma olhando para fora, para o mundo, a partir de uma grande altura; e projetar a energia que foi empurrada a partir do *chakra* básico para cima em um fluxo irradiante em direção a alguma organização de caridade, desejando que essa energia seja uma força por trás do movimento. Ela sugeriu, sem ironia, o Fundo *Save the Children* [Salve as Crianças].

É fácil rir disso hoje em dia, mas se tivermos algum nível de percepção sexual e segurança aqui no século XXI, boa parte disso se deve a Crowley destruindo todos os tabus de gerações antes de nós, e dando força a outros que vieram depois dele para tomarem a liderança da melhor forma.[79]

Mesmo assim, se tanto DF quanto AC passaram a vida inteira lutando contra a "Questão Sexual" ou se deliciando com ela, nenhum dos dois conseguiu de fato alcançar a realização verdadeira com relação àquela questão infinitamente mais desafiadora: a iniciação profundamente mais importante, que é a Questão do Amor...

---

79. Ainda nos anos 1950, os dicionários britânicos definiam a palavra *masturbação* (isso quando se atreviam a mencioná-la) como "autopolução", ou "autoabuso".

Capítulo Cinco
Iniciações e Outros Despertares

Em 1910, na mesma época em que Rose, a primeira esposa e Mulher Escarlate de Crowley, estava sendo internada em um hospício por causa de evidências fornecidas pelo próprio marido, a jovem Violet Firth estava tendo seu primeiro e certamente o último colapso nervoso como resultado direto de forças ocultas que ela ainda não havia começado a entender. Isso aconteceu perto da pequena cidade de Studley, no condado de Warwickshire, uma dezena de milhas de onde Crowley havia nascido e fora criado.

A Faculdade de Studley, onde ela ainda era uma estudante de 20 anos, ensinava essencialmente agricultura, embora houvesse uma intenção oculta por trás de seu currículo, como veremos no capítulo seguinte. O colapso nervoso fora causado pela diretora da faculdade, que, segundo Dion "(...) tinha considerável conhecimento de ocultismo obtido durante longa residência na Índia; na época, ela costumava dar dicas desse conhecimento que nada significavam para mim, mas as quais, à luz do conhecimento que ganhei posteriormente, vim a compreender".[80]

Embora pareça ter sido uma estudante bastante feliz na maior parte do tempo, ela veio a crer que a diretora estava usando técnicas de poder mental para controlar as pessoas e roubar seu dinheiro.

A mulher em questão era a dra. Lilias Hamilton (c. 1857-1925), que obtivera sua qualificação médica na Universidade de Edimburgo em uma época em que era bastante incomum encontrar mulheres médicas. Mais tarde ela se tornou diretora do Hospital de Mulheres em

---

80. Dion Fortune, *Psychic Self-Defence*, p. xvii.

Calcutá, e então foi convidada pelo Emir do Afeganistão para ser sua médica particular. Em seu romance que nunca foi publicado, auspiciosamente intitulado *The Power That Walks in Darkness* [O poder que caminha na escuridão], ela conta sobre o tempo em que passou ali, sua mera presença a colocando em risco porque podia causar a ira das várias mulheres do Emir. A dra. Hamilton, que ao contrário do dr. Moriarty era médica de verdade, andava de moto, dormia na grama sob as estrelas, usava roupas escandalosas para a época e era uma mulher carismática, às vezes assustadora e sempre inspiradora, décadas antes da invenção da expressão *Woman of Power* [poderosa]. Caso sua história fosse contada em detalhes, teria provavelmente se mostrado tão incomum quanto a de sua pupila. É um ponto incerto se ela de fato tinha e usava poderes ocultos, ou se Violet estava apenas manifestando uma paranoia advinda de seus problemas psicológicos. É certo que os outros alunos não enxergavam absolutamente nada sinistro em sua diretora.[81] Mesmo assim, conforme ela conta em *Autodefesa Psíquica*, se não tivesse escrito um diário registrando os reais eventos que aconteciam, as sugestões hipnóticas da dra. Hamilton poderiam lhe ter roubado todo o senso de realidade.

O clímax aconteceu quando a jovem Violet, suspeitando que uma das internas mais frágeis, e que tinha o que hoje chamaríamos de dificuldades de aprendizado, também estava sendo mentalmente manipulada, conseguiu resgatá-la e enviá-la para a segurança, junto de parentes. Quando a furiosa diretora descobriu, Violet foi chamada à diretoria, onde a doutora fixou nela um olhar intenso, e sem discussões nem gritos infligiu uma litania calculada para remover qualquer resto de confiança que Violet tivesse: "Você é incompetente e sabe disso. Você não tem autoconfiança e deve admiti-lo", disse a diretora, mantendo o discurso por horas, durante as quais Violet sabia que sua própria alma corria perigo, e sentiu paredes de escuridão se aproximando. Por fim, tendo o bom-senso de responder o que ela queria ouvir e de prometer ser uma Violet boazinha dali em diante, a diretora deixou que se retirasse. "Eu era uma garota forte e saudável quando entrei [naquela sala]. Saí dela destruída física e mentalmente, e fiquei doente por três anos".[82]

---

81. Janine Chapman faz uma brilhante análise do tempo que Violet morou em Studley, no livro *The Quest For Dion Fortune* (York Beach, ME: Weiser, 1993).
82. *Psychic Self-Defence*, p. xx.

Os acontecimentos são contados com alguns detalhes, mas tendem a criar mais mistificação do que clareza. Qualquer pessoa que tenha experiência em magia pode confirmar que quando a aura etérea (porque é disso que se trata) fica danificada e o prana vaza, os sintomas são exatamente como descreveu Dion em *Autodefesa Psíquica*. E qualquer pessoa com experiência de vida – no ocultismo ou não – saberá que de fato existem pessoas capazes de destruir a confiança e reduzir suas vítimas a meras cascas. Na verdade, a maioria de nós já teve chefes ou até parceiros assim em algum ponto da vida.

É bem possível que a dra. Lilias Hamilton de fato fosse, ela mesma, um "poder que caminha na escuridão"; ela era, sem dúvida, uma mulher extraordinária e de personalidade formidável. Mas também é possível que ela fosse apenas uma desculpa, a justificava, por assim dizer, para o colapso que já estava para acontecer havia algum tempo, e que Violet tenha projetado tudo em uma personagem demonizada na figura da diretora.

O que poderia ter causado tal estado mental? Como veremos no próximo capítulo, existe uma pista possível na verdadeira natureza da Faculdade, mas a própria Dion pode ter dado uma dica em *Autodefesa Psíquica*, quando escreve:

> Outra nova amiga ficou interessada no meu caso e me levou imediatamente ao médico da família, que opinou, de forma bem direta, que eu havia sido hipnotizada. Isso tinha acontecido nos dias antes da psicoterapia, e o que ele podia fazer por uma mente doente era dar um tapinha nas costas e receitar tônico e brometo. O tônico foi útil, mas o brometo não, pois reduziu meus poderes de resistência, e rapidamente o descartei, preferindo aguentar o desconforto em vez de pôr-me completamente sem defesas. Durante todo o tempo eu estava obcecada com o medo de que essa estranha força, que havia sido aplicada em mim vez ou outra, iria ser aplicada novamente. Mas embora eu temesse esse misterioso poder que hoje percebo estar espalhado pelo mundo, é impossível descrever meu alívio ao descobrir que a transação toda não fora alucinação, mas um fato real a ser encararado e com o qual se podia lidar.[83]

---

83. Ibid., p xxiii.

Já foi dito que toda a hipnose é auto-hipnose, mas não devemos desprezar as várias histórias que cercam a Grande Besta quanto à utilização de seus talentos deveras formidáveis sobre infelizes que sucumbiram suas investidas psíquicas. Entretanto, o fato de que o médico visitado por Dion prescreveu brometo pode ser significativo. Naquela época, o brometo era largamente prescrito para epilepsia, e se pensava que a epilepsia era causada pela masturbação. O brometo, na verdade, acalmava a excitação sexual, e então se supunha que reduziria os ataques epiléticos. Mesmo nos anos 1970, estudantes ginasiais ainda faziam piadas sobre o brometo como droga que impediria a ereção. Em 1910, oferecer brometo a alguém era o mesmo que fazer uma afirmação bem específica.

Não estou dizendo que Dion Fortune fosse epilética; se sua grande habilidade com transes mediúnicos fosse evidente na época, é possível que tenha sido confundida com epilepsia por seus pais preocupados. Mas eu realmente acredito que ela possa ter tido uma desastrosa experiência amorosa que pode ter posto à prova toda a estabilidade interior dela. Não devemos rir dela por isso. Mesmo hoje, na era atual do vale-tudo nos relacionamentos, com enormes sistemas de apoio de todos os tipos, um caso romântico que não deu certo pode aleijar a mais durona das almas. Então, no nível de sociedade em que ela vivia, onde havia coisas sobre as quais simplesmente não se falava, nem mesmo se tentava compreender, um caso desses teria sido muito mais devastador do que nós, do século XXI, somos capazes de compreender. Essa confrontação catalisadora com a dra. Hamilton e o colapso que se seguiu, mais do que qualquer cerimônia em qualquer loja mágica, foi uma das verdadeiras iniciações de sua vida.

Foi também um ano crucial de loucura e colapso para Aleister Crowley. Além de sofrer ataques psíquicos vindos de seu antigo superior MacGregor Mathers, grande parte das tensões de sua vida revolveu em torno da esposa, Rose. Ser mãe da única filha sobrevivente de ambos, Lola Zaza, assim como esposa do completamente promíscuo

Logos do Aeon, havia sido demais. Ela fez o que muitos já fizeram e farão, e começou a beber. Ele, então, a internou em um hospício.[84]

A primeira e provavelmente mais importante Mulher Escarlate havia falhado, e seus vários casos breves (homens e mulheres) não haviam dado em nada; em 1910, entretanto, surgiu em sua vida uma neozelandesa que aceitou meio a contragosto o papel de Mulher Escarlate, embora se recusasse a se tornar esposa legal de Crowley.

Todo século tem casais românticos cujo amor tem o poder de fascinar por causa da intensidade, do sacrifício ou da absoluta destrutividade, com grandes momentos atingidos por rara e impossível beleza. Todo mundo pode citar um exemplo desse tipo de amor, e pode variar desde Merlin e a hábil jovem bruxa Vivienne, Lancelot e sua "rainha incomparável" Guinevere, ou o trágico Abelardo devotado a Heloísa, passando pelos ícones modernos, como Scott e Zelda Fitzgerald, Caitlin e Dylan Thomas, D. H. Lawrence e Frieda, Laurence Olivier e Vivien Leigh, até o horrendamente autodestrutivo casal Nancy Spungen e Sid Vicious, e por aí vai. Sempre houve amor profundo – da melhor forma como cada um deles era capaz de entender – além de grande, e normalmente inevitável, dor. A maioria das pessoas nunca entra em um relacionamento desse tipo durante a vida e, se o fazem, caso sobrevivam a ele, suas almas ficam marcadas para sempre.

É preciso entender que Aleister Crowley teve uma infindável sucessão desses amores, com suas quase infindáveis Mulheres Escarlate, cada uma cuidadosamente anotada em seu extenso Diário Mágico. Durante o tempo regado a drogas que ele passou em Cefalu junto à pobre Leah Hirsig, o par se assemelhava bastante a Sid e Nancy; mas ao longo dos dez anos anteriores, ele estivera um pouco mais próximo do arquétipo Merlin/Vivienne junto à encantadora Leila Waddell.

Laylah, como ele a chamava, era filha de imigrantes irlandeses que haviam ido para a Austrália. Ela se movimentava bastante pelo cenário das artes, além de ter talento musical e tocar o violino principal em uma orquestra feminina. Apaixonado por ela, como acontecia inicialmente com todas as suas mulheres, ele a imortalizou em *The Book of Lies* [O livro das mentiras] e *Confissões*, mas ela nunca quis

---

84. Ao que parece, ela conseguiu se recuperar completamente e se casou novamente, mais tarde.

se dedicar integralmente à Magia(k), como fez sua principal sucessora Leah Hirsig. O que atraíra Laylah a Crowley?

Essa época fora, sob vários aspectos, uma espécie de período de bonança para ele. Fisicamente, era ainda um impressionante jovem que tinha algo de leonino em si, além da merecida reputação de aventureiro intrépido. Seu cunhado na época, Gerald Kelly, descreveu-o como tipo extrovertido: aceso, bem-humorado, atlético, bom em tudo, bonito. Ávido leitor, escrevia versos que "não fingia serem poesia", além de ser rico. Apesar de tudo, *Sir* Gerald acrescentou, no que dizia respeito ao seu próprio mundo: "o único problema – ele não era um *gentleman*". Não ser um *gentleman* não era algo que teria preocupado uma australiana como Leila Waddell. A vida com a Besta nesse período seria *tão* excitante.

Antes de atrair para si o veneno dos tabloides, a publicidade que ele recebera tinha, no geral, mais a ver com intrigas do que com hostilidade. Quando em 1910 seu antigo superior MacGregor Mathers o processou por haver publicado segredos da Aurora Dourada em sua nova publicação bienal *The Equinox*, o caso ficou conhecido como o julgamento dos Ritos Rosacruz, com todo o *glamour*, mas essencial respeitabilidade que o termo *Rosacruz* evoca. Como resultado, vários grupos ocultistas e autodenominados Ordens, espalhados por todo o globo, ofereceram a ele títulos grandiosos e honoríficos.

Entretanto, quando, mais tarde naquele ano, ele decidiu realizar *performances* em público dos Ritos de Elêusis, o pequeno grupo do Mestre Therion não era então visto como um conjunto de Rosacruzes misteriosos, mas como um "secto blasfemo cujas ações se prestavam concebivelmente à imoralidade do tipo mais revoltante", como escreveu o jornalista do *Looking Glass*. Em seguida, ele perguntava se seria "(...) decente e correto permitir a jovens mulheres e mulheres casadas que assistissem a tais *performances* disfarçadas de cultos pertencentes a uma nova religião".[85]

Os ritos em si eram uma série de invocações públicas centradas em um dos sete planetas da antiguidade. Longe de serem revoltantes, J. F. C. Fuller levou a esposa e a mãe a todos, e não observou qualquer impropriedade, mesmo pelos rígidos padrões da época. Alguns acharam a apresentação incrivelmente tediosa. Outros se emocionaram

---

85. *The Looking Glass*, 29 de outubro de 1910.

profundamente. Deve-se notar que, ao chegarem, os espectadores ganhavam antes do espetáculo uma bebida de cor marrom que tinha gosto de maçã podre, e continha "alcaloides de ópio".

Os principais membros da trupe eram ele mesmo, Leila (que tocava violino em vez de declamar) e Victor Neuburg, um colega de Cambridge que invocava os Deuses no palco e invocava demônios em sua própria alma, e nunca foi capaz de tirar Crowley da cabeça até o fim da vida.

A jovem Violet, que ainda tinha o destrutivo mantra da dra. Hamilton na própria mente, tentava caçar e juntar os destroços de sua própria psique; agora, fazia o que tantos que sofreram esse tipo de coisa fazem: começou a estudar psicologia. Ela sentia que psicologia daria base racional a todas essas coisas.

A psicanálise e todos os seus aspectos relacionados é um aspecto da sociedade do século XXI que a permeia totalmente, e podemos quase aceitá-la sem questionar como algo convencional, tendo passado por todos os rígidos testes e escrutínios da Senhora Ciência. Mas em 1910, quando Violet Firth ainda se recuperava de seu colapso, a sóbria Associação Médica Britânica ainda não havia se decidido quanto aos méritos desse novo campo. A muitos de seus membros a psicanálise soava como uma espécie de moda passageira, e era vista da mesma forma como hoje são vistas as atuais paixões das celebridades pela Cientologia e pela Cabala.

Os principais gurus desse movimento eram, claro, Sigmund Freud, Jung e Adler.

Adler com sua afirmação de que todo ser humano está em busca de poder.

Freud com sua ênfase na "experiência amorosa".

Jung com suas ideias sobre arquétipos e alquimias interiores.

Na verdade, uma parte crucial dos ensinamentos mais tardios de DF envolvia os três raios de Poder, Amor e Sabedoria que esses homens exemplificavam, e o fato é que já na terceira idade ela visitou um psicanalista junguiano em busca de ajuda para seus próprios problemas interiores – fossem quais fossem. Talvez naquela época ela já tivesse visto mediante seus próprios tormentos sexuais, e visto também por intermédio de Freud, pois o bom doutor sempre reprimiu certos aspectos de seu próprio caso que teriam derrubado por completo sua tese se tivessem sido admitidos na época.[86]

Sabe-se que DF se comunicou com o próprio Jung na época, embora nada tenha restado das correspondências. Jung era na verdade um mago, pura e simplesmente, que secretamente acreditava ser o avatar do deus Gnóstico Aion e que utilizava sua linguagem poderosa e persuasiva para dar a seu trabalho puramente místico um verniz acadêmico, que só aceitava clientes cujo ponto de vista estivesse de acordo com as próprias noções dele, e que pudessem pagar pelas sessões. Crowley viu através dele quando escreveu que no trabalho de Jung "vemos a jovem dama Ciência graciosamente curvando as sobrancelhas frente a seu velho pai, a Magia".[87]

Um dos grandes atrativos àqueles que buscavam estudar a psicologia era o fato de não ser regularizada. Qualquer um poderia exercê-la. Não se exigiam qualificações. Era a terapia alternativa da época. E até que a sóbria mas toda-poderosa Associação Médica Britânica passasse a exigir profissionais propriamente qualificados, a srta. Firth se tornou, por um tempo – com a idade de 23 anos – a analista de divã mais bem paga de Londres, trabalhando sob a égide da Sociedade para o Estudo da Ortopsicose, em Brunswick Square.

Quanto a seus clientes, bem... ela mesma os admitia que entre eles havia os que ela denominava desviados anormais de ambos os sexos – ou seja, homossexuais; havia várias mães solteiras; mas sua sala de espera tinha principalmente masturbadores compulsivos. É fácil rir agora, mas a cena indica o quão importante era o problema "Sexo" naquela época, e porque ela lidou daquela forma com a desafiante questão da masturbação, forma esta que deve ter parecido extremamente direta nos escritos de Violet Firth.

O fato de que o "Sexo" era um problema e causava tantos tormentos internos se devia ao avassalador poder daquele culto à esterilidade conhecido como Cristianismo. O que o mundo precisava na época eram alguns modelos de comportamento e iconoclastas capazes

---

86. A esse respeito, ver Richard Noll, *The Aryan Christ: The Secret Life of Carl Jung* (New York: Random House, 1997) e Jeffrey Moussaieff Masson, *Final Analysis: The Making and Unmaking of a Psychoanalyst* (New York: Ballantine, 2003).
87. Citado em Deirdre Bair, *Jung: A Biography* (Boston: Little, Brown & Co., 2003), p. 306.

de mostrar que sexo e religião, orgasmo e consciência divina não eram contraditórios nem mutuamente excludentes. E isso era exatamente o que o mundo estava obtendo com as figuras de DF e AC: só levaria a ambos algum tempo até que percebessem esse fato...

Crowley, é claro, descreveu a si mesmo mais tarde como Mestre Psicólogo (e de fato acreditava nisso), e não teve problemas para descobrir o que fazer com suas próprias energias sexual e psíquica – e os brometos não tiveram nada a ver com isso. Em vez disso, ele tinha a amável e chique Leila Waddell e o sempre presente Victor Neuburg para ajudá-lo em sua ascensão direta à divindade. Ironicamente, foi este último quem se mostrou crucial para trazer ao mundo as revelações do Aeon.

Ainda menino, William G. Gray teve experiências em primeira mão tanto com Crowley quanto com Neuburg, e se recorda deste último como sendo um dos homens mais gentis que já conheceu. A mãe de Gray era grande amiga da companheira e protetora dele, a quem ela chamava Saga. Durante essas visitas, ele ouviu como Crowley conseguia hipnotizar Victor com uma ridícula facilidade, e gostava de fazer isso especialmente na frente de visitantes, para impressioná-los com seus evidentes "poderes":

> Ele fazia com que Newberg [sic] se comportasse como um cão latindo e se arrastando aos pés de seu dono. Então ele ordenava ao pobre Victor que tirasse todo o dinheiro de seus bolsos e entregasse imediatamente. Uma vez que o pai dele era normalmente generoso, às vezes ele levava consigo até cinco libras. Crowley jogava para trás meia-coroa, dizendo de forma arrogante: "Vá comprar umas batatas fritas para você. Nós e os outros iremos ao Savoy", e era o que ele fazia. Naqueles dias era perfeitamente possível, e às vezes chegava a sobrar troco.[88]

---

88. Alan Richardson e Marcus Claridge, *The Old Sod: The Odd Life and Inner Work of William G. Gray*, p. 56.

Ao pesquisar sobre "Vicky", como o chamavam na época, Jean Overton Fuller descobriu que várias pessoas que o haviam conhecido bem sentiam que Victor B. Neuburg era um ser pertencente ao reino das fadas que, por engano, nascera no meio humano. Apesar disso, embora a Grande Besta tenha causado enormes danos ao discípulo de várias formas, Neuburg não era completamente vítima. Quando Crowley se separou de Laylah, levou Neuburg consigo ao deserto africano perto de Bou Saada, trazendo consigo uma trouxa com o *Calls for the Thirty Aethyrs*, as comunicações angélicas que haviam sido ditadas a John Dee, o astrólogo de Elisabeth I e mago residente, por Edward Kelly.

Ali, no topo de uma pequena montanha onde evocaram o décimo quarto Aethyr e realizaram um ato de sodomia com Victor no papel ativo, Crowley teve uma de suas revelações cruciais. Ele sempre soubera que o ato sexual não se desviava da glória de Deus, mas foi apenas nesse momento que ele percebeu que o sexo poderia ser de fato feito à glória de Deus e tornado sacramento. Era da opinião de que, tendo resolvido toda sorte de dualidades e oposições dentro de si, ele era agora um Mestre do Templo, ou 8-3, como se poderia observar, e desceu da montanha em triunfo com Victor ao lado.

Quando Neuburg confidenciou isso à jovem e virginal Jean Fuller, por volta de 25 anos mais tarde, ele disse com certo orgulho: "É certo que fizemos algo que nunca havia sido feito antes! Bem, não por centenas de anos, de qualquer forma. Não tivemos predecessores na época em que vivíamos. (...) é de se duvidar que até o próprio Dee os tenha chamado (...). *Nós* os chamamos. Nós fomos ao deserto e os chamamos".[89] Analisando aquela época com os olhos sábios da retrospectiva, ele também notou com aparente alusão a si mesmo ou a seu antigo Mestre que: "A possessão divina não é garantia de uma inteligência comum".[90]

Quando se separaram – ou quando Neuburg conseguiu desligar-se de Crowley –, este amaldiçoou ritualisticamente seu antigo discípulo com gongo, livro e vela,* como eles dizem, e o homem mais novo comentou: "Eu tive um colapso nervoso. Estava completamente atordoado,

---

89. Jean Overton Fuller, *The Magical Dillemma of Victor Neuburg* (London: W. H. Allen, 1965), p. 76.
90. Ibid., p. 63.
* N. T.: Refere-se à expressão em inglês "cursed by bell, book and candle".

saí de órbita (...)", o que bate completamente com o que a jovem Violet Firth vivenciara alguns anos antes.

Nessa época em que Aleister Crowley se tornara Mestre do Templo, a jovem Violet Firth fazia seu primeiro contato com seus próprios Mestres. Ao contrário dos outros membros comuns da Sociedade Teosófica, nem por um segundo ela acreditou na existência física do tipo de Mestres descritos por Madame Blavatsky e seus seguidores. Por outro lado, ela não tinha dúvidas sobre a existência deles nos planos interiores.

> Também sou da opinião, à luz de minha própria experiência no mesmo campo, de que as histórias de encontros pessoais com os Mestres no plano físico, e todas as evidências relacionadas aos locais onde moram e a seus nomes, são também lorota, e não creio que, seja quem for que tenha originado tais histórias, ou que as tenha substanciado, esteja sendo sincero.[91]

Na verdade, a própria percepção que ela tinha dos Mestres era bem mais sutil do que poderia ser explicado. Em uma das primeiras versões de *The Cosmic Doctrine*, um deles fez o seguinte comentário:

> Os Mestres, como você os concebe, são todos "imaginação". Perceba que não falei que os Mestres eram imaginação: eu disse "Os Mestres como você os concebe...". O que nós somos você não pode perceber, e seria uma perda de tempo tentar fazê-lo; mas você pode nos imaginar no plano astral e nós podemos contatá-la através da sua imaginação, e embora sua imagem mental não seja real nem factual, os resultados dela são reais e factuais.

Hoje em dia há uma tendência entre os magos de olharem cada "Mestre" como um tipo de nó na Consciência Coletiva – multidimensional, multifacetada e multiconsciente – que fez uso de uma identidade histórica, talvez, como meio de permitir que o indivíduo demasiadamente humano pudesse, em certo sentido, perceber além.

---

91. *The O. E. Library Critic*, abril, 1937.

Com os primeiros dois Mestres ela fez contato durante uma poderosa experiência visionária. "(...) Eu sabia que um era Mestre Jesus; o outro eu não conhecia, a não ser pelo fato de que O senti ser uma tremenda força intelectual. Desde então, eu O tenho conhecido como o Mais Sábio, um dos Senhores da Mente, no Raio Hermético; ao Mestre Jesus foi dado o título de o Mais Santo, Senhor da Compaixão".[92] O primeiro foi mais tarde revelado como sendo certo Mestre R. Os principais teosofistas, utilizando uma linguagem que ostentosamente tentava disfarçar, chamavam-no "O Mestre Conde". O Conde seria Le Comte de Saint Germain, personagem lendário que atravessou os séculos sem envelhecer, maravilhoso, exercendo influência sobre cortes de vários reis. O Mestre R era um e o mesmo, uma manifestação mais tardia. Seu nome terreno era Rakoczi, e ele havia sido o chefe de uma nobre e bastante real família húngara.[93]

A experiência foi poderosíssima. Não a tornou, como aconteceu com Crowley, uma Mestra do Templo, mas certamente colocou Violet Firth mais a caminho de se tornar Dion Fortune.

> Durante os três dias seguintes a memória de minhas encarnações passadas retornou a mim, direto até minha primeira iniciação em Atlantis; era um registro praticamente ininterrupto de trabalhos em templos, a não ser por minha última encarnação, que era um tanto desagradável, e na qual eu pareço ter juntado todas as experiências pelas quais havia passado durante o resto de minha evolução. Devo dizer que é bem fácil para qualquer um se equipar de uma série de fantasias egoísticas denominadas "vidas passadas", mas no meu caso, voltei não só à memória de minhas iniciações e vida nos templos, mas também à memória dos ensinamentos que recebi durante aquelas vidas. A Sabedoria Antiga é uma filosofia e uma ciência bastante intrincada e elaborada, e desafio qualquer pessoa a desvendá-la sozinha no curso de alguns dias sem qualquer estudo prévio sobre o assunto. Dessa forma, encaro como forte evidência em favor da reencarnação o fato de que nunca tive de trabalhar na obtenção de meu conhecimento ocultista, mas sim o recuperei, e não aos pedaços, mas inteiramente na memória.[94]

---

92. *The Cosmic Doctrine*.
93. Alan Richardson, *Priestess: The Life and Magic of Dion Fortune*.
94. Ibid.

Jesus e Rakoczi foram os primeiros mestres de Dion, mas não os mais importantes. Ela era clara quanto às identidades dos primeiros, mas mantinha bastante segredo sobre as identidades das três entidades com as quais fez contato em Glastonbury Tor por volta de dez anos mais tarde, sendo eles: Sócrates, Lorde Erskine e David Carstairs. Estes eram seus chefes secretos. Foram eles que lhe deram o Conhecimento. Eles eram os seres que traziam aos templos físicos dela sua energia dos planos interiores, e com quem seus colegas de trabalho ("seguidores" não era um termo do qual ela gostava) faziam – e ainda fazem – contatos por conta própria.

Se essa fora uma iniciação crucial e verdadeira para Violet Firth, sem rituais nem cerimônias, pode-se dizer que Crowley também tropeçou em um tipo de recomeço quando chegou em sua vida Theodor Reuss.

Reuss era anglo-germânico, utopista, jornalista, membro do Serviço Secreto Alemão, cantor, militante da Liberação Feminina e empenhado praticante dos sistemas tântricos. Após a morte de Carl Kellner, ele se tornou chefe da O. T. O. Nas palavras de Crowley, o homem entrou em seus aposentos em Victoria Street e imediatamente acusou o inglês de traição dos mais internos segredos da O. T. O., relacionados ao grau IX. Crowley não tinha ideia do que ele estava falando, e então Reuss foi direto à estante de livros e dela retirou o *Book of Lies*, abrindo-o na página que começa com: "Que o Adepto esteja armado com seu Bastão Mágico e seja provido de sua Rosa Mística". Imediatamente ele percebeu o que Reuss queria dizer, e o impacto daquela revelação foi enorme: "Instantaneamente caí em mim. Todo o simbolismo surgido em minha visão não era só o da Maçonaria, mas de muitas outras tradições. A partir daquele momento, a O. T. O. assumiu sua importância própria em minha mente. Compreendi que eu tinha nas mãos a chave para o futuro progresso da humanidade".[95]

Embora Crowley fosse honorário grau VII da O. T. O. (pois tinha alcançado o 33º no Rito Escocês), Reuss o nomeou Grande Mestre Geral X° da O. T. O. no Reino Unido da Grã-Bretanha e Irlanda, que era chamada Mysteria Mystica Maxima.

---
95. *Confessions of Aleister Crowley*.

Como chefe dessa organização Neotemplária, Crowley assumiu o nome de Baphomet, e mais tarde escreveu para Reuss a *Missa Gnóstica*. Esse texto importante foi na verdade escrito na Rússia, que Crowley visitou quando liderava uma trupe musical chamada Ragged Rag-time Girls, que consistia, como ele mesmo descrevia, em três dipsomaníacas, quatro ninfomaníacas e duas reprimidas histéricas.[96] O grupo ainda se apresenta com enorme, solene e inocente alegria em vários lugares pelo mundo. Ao retornarem, o Irmão Merlin, como Reuss preferia ser chamado entre seus companheiros *adeptii*, derramou elogios para a Thelema e mais tarde trabalhou duro para traduzir o *Livro da Lei* para o alemão.

A grande médium Eileen Garrett, que já foi posta à prova várias vezes, conheceu Crowley nessa época. Suas percepções sobre ele são importantes, considerando que ela era capaz de avaliá-lo com mais do que o preconceito do mortal comum. Para ela, Crowley era "um homem atlético de inegável força de personalidade".[97] Uma vez, quando ela estava sentada em um café, ele se aproximou, tomou-lhe a mão, olhou nos olhos dela e disse: "Você é uma pitonisa... e das mais fortes". Ela se recorda que ele a observava com "intensos olhos semicerrados. Lembro que seus olhos eram protuberantes, e sua boca traía uma natureza sensual. Ele devia ter entre 35 e 40 anos, na época – mas naqueles dias, todas as pessoas acima de 30 anos pareciam velhas para mim!" Ele então colocou um de seus anéis no dedo dela, mas ela tirou e lhe devolveu. "Minhas amigas davam risadinhas e estavam um tanto surpresas, e eu, também, fiquei espantada, não sabendo o que era uma pitonisa".

Ela conta sobre como a Grande Besta uma vez a convidou para fazer parte de algo que ela chamou de Missas Negras, no apartamento dele em Fitzroy Square. O quarto estava coberto de cortinas pretas, com signos zodiacais inscritos nos tecidos, e ela percebeu que: "Homens e mulheres extremamente inteligentes, nacional e internacionalmente famosos, alguns ligados ao governo, iam nessas reuniões. Alguns bebiam de uma taça sagrada na qual, dizia-se, havia uma

---

96. Acredito que a mãe de William G. Gray fosse uma dessas.
97. Todas as citações de Eileen Garrett nestas páginas foram tiradas de sua autobiografia, *Many Voices: The Autobiography of a Medium* (New York: Putnam, 1968), p. 59.

mistura de certas substâncias afrodisíacas para permitirem a união com a própria Afrodite. As garotas, as 'virgens' do culto, tinham um brilho fantasmagórico em seus capuzes, e o próprio Crowley usava um manto com vários signos zodiacais". Havia também um "pequeno altar com iluminação baixa, e a cruz foi colocada do lado esquerdo. Muitas das mulheres choravam e faziam sons estranhos como os que eu havia ouvido em encontros dos Holy Rollers na Carolina do Norte". E será que essa extraordinária mulher havia ficado assustada? Não, porque, como ela explicou: "Eu já tinha realmente visto mais coisas absurdas em rituais vudu no Haiti, quando os deuses tomam controle e onde há sacrifícios de sangue frequentes. Se nos encontros de Crowley com Lúcifer havia uma 'autoridade', eu nunca fiquei sabendo".[98]

Em julho de 1914, tanto Aleister Crowley quanto Violet Firth descobriram que estavam sendo chamados por um poder maior do que qualquer coisa que ambos já houvessem invocado, e tiveram de responder a esse poder. Infelizmente para eles – para todo o mundo ocidental – não era o mal-compreendido Lúcifer, que tantos haviam tachado de maligno e que atrapalhava a vida de todo mundo trazendo um pouco de sutil iluminação. Era aquele nervoso e invariável espírito causador de problemas, Wotan, antigo deus da tempestade e do frenesi, que exigiria muito sacrifício e tiraria milhões de vidas humanas. E o poder que os havia convocado nesse momento de grande necessidade era conhecido simplesmente como... Inglaterra.

A Primeira Guerra Mundial, também conhecida como A Grande Guerra, ou A Guerra que Poria Fim a Todas as Guerras, mobilizou mais de 60 milhões de soldados europeus entre 1914 e 1918. Houve mais de 40 milhões de vítimas, nas quais se incluíam 20 milhões de militares e civis mortos.

Embora Carl Jung tenha escrito sobre Wotan no contexto da Segunda Guerra Mundial, seus comentários são igualmente relevantes

---
98. Eileen Garrett, *Many Voices: The Autobiography of a Medium*, p. 60.

para a Grande Guerra, a ferida pustulenta que serviu de base para um frenesi parecido anos depois: "Ele é o desencadeador de paixões e da paixão pela batalha. (...) um mago superlativo e artista de ilusionismo versado em todos os segredos de natureza ocultista".[99]

Na verdade, era exatamente assim que Baphomet, o Mestre Therion, Perdurabo ou a Grande Besta Selvagem enxergava a si mesmo. E como respondeu a esse chamado?

Os anos passados na América no período entre 1914 e 1918 foram extremamente atribulados. Afinal, ele ainda era um poderoso mago devotado à Grande Obra.

Em 1915, escreveu alguns artigos excelentes sobre astrologia que Evangeline Adams, a celebridade astróloga da época, publicou como se fossem dela, sem dar qualquer crédito ou pagamento a Crowley. Ele também encontrou um "Filho Mágico" na pessoa de Charles Stansfield Jones, conhecido como Frater Achad, que se inspirou no Mestre Therion para escrever alguns excelentes livros sobre Cabala (que viraram de ponta cabeça as correspondências estabelecidas por Crowley e anunciavam a chegada do Aeon de Maat) e depois seguiu seu próprio caminho, acreditando haver ultrapassado o homem mais velho em termos de *status*.

Já em 1916, Crowley afirmou possuir o grau de Magus, e nesse ponto tinha absoluta certeza em sua própria crença e declaração de que ele, e apenas ele, era o Profeta do Novo Aeon – de Hórus.

Em 1917, tornou-se editor da *The International*, revista pró-Alemanha; terminou o *Liber Aleph, the Book of Wisdom or Folly* (cujo título poderia muito bem servir para expressar a própria vida); e realizou o Trabalho de Amalantrah com uma nova Mulher Escarlate chamada Roddie Minor, que pareceu ter feito um rasgo no tecido do espaço-tempo por onde trouxe um ser extraterrestre chamado "Lam" para dentro dos reinos terrenos. Crowley, então, tirou um Grande Merecido Descanso Mágico na ilha de Oesopus, no rio Hudson, estado de Nova York; publicou sua própria versão do *Tao Te King*; e durante essa época conheceu Leah Hirsig, embora o relacionamento não tivesse começado de imediato.

Mas durante tudo isso havia ainda a intrincada questão da Guerra que Poria Fim a Todas as Guerras, sendo travada do outro lado do

---

99. Citado em Paul Bishop, *The Dionysian Self* (Berlin: de Gruyter, 1995), p. 308.

Atlântico. E o que fez a Grande Besta Selvagem com relação a isso? Como serviu a seu país?

O fato é que com 39 anos de idade ele estava velho demais para lutar ativamente na guerra; além disso, sua reputação era péssima o suficiente para afastá-lo de qualquer trabalho de diplomacia, e ele não era confiável para agir na organização de civis ou aumentar o moral. Então, ele fez a coisa apropriada que estava mais à mão: tornou-se espião.

※

A Grande Guerra de Crowley foi tão estranha e diferente quanto qualquer coisa na vida dele. Para quem vê de fora, ele aparentemente passara quatro anos nos Estados Unidos profundamente envolvido em atividades antibritânicas, adotando as causas alemã e até mesmo irlandesa de forma a ser marcado como traidor completo. Tipicamente, não foi assim que *ele* vira a situação.

Como explicou em suas *Confissões* após a guerra, não apenas seus apaixonados artigos pró-Alemanha haviam sido escritos com tal ironia, com um absurdo humor britânico sutil, que o efeito sobre os leitores acabou sendo completamente oposto ao que seus empregadores britânicos haviam esperado, e que, na verdade, ele fora agente duplo o tempo inteiro, e era de fato empregado da Inteligência Naval Britânica.

Até seus leitores mais devotos (dentre os quais eu me incluo) tendem a duvidar desse tipo de fala com um pouco de cinismo e desprezá-la como uma das características menos agradáveis de Crowley – um exemplo de como ele apoiou os cavalos teutões e britânicos errados e depois tentou justificar a traição com um papo absurdo de que não enganou ninguém. Entretanto, no livro *Secret Agent 666*, excelentemente pesquisado e de fazer cair o queixo em vários trechos, Richard B. Spence demonstra que a Besta tinha dito a verdade o tempo todo, apesar de tentativas tardias de membros da inteligência britânica de se distanciarem dele ao longo dos anos. Além do mais, utilizando documentos obtidos junto a arquivos britânicos, americanos, franceses e italianos, Spence (que *não* é um ocultista, nem thelemita) mostra que Crowley estava envolvido em uma trama para derrubar o governo da Espanha; ele também teve um papel no processo que frustrou as conspirações nacionalistas irlandesa e indiana e – como vimos – esteve ligado ao voo feito em 1941 por Rudolf Hess.

Mas durante o período passado nos Estados Unidos, a Besta teve uma missão específica: juntar informações e registro acerca de membros-chave da comunidade germânica que ali moravam, fazendo uso do agente múltiplo George Viereck (dono do *The International*) e do escritor Hanns Heinz Ewers, e encadeando uma série de contatos que incluíam o Embaixador Bernstorff. George Langelaan, amigo de Crowley na época, recorda-se: "(...) os alemães passaram a ter bastante fé na 'intuição' da Besta, e viam-no como guia indispensável para a mentalidade dos americanos e ingleses. Ele os impressionou especialmente com sua habilidade de prever as ações e reações dos britânicos. Era quase como se ele fosse capaz de observar dentro dos lugares mais secretos de Whitehall".[100] Nunca lhes passou pela cabeça que ele pudesse ser um agente duplo os enganando com informações falsas.

O papel de Crowley por meio de cuidadoso uso de informações e desinformações era o de geralmente fazer tudo o que fosse possível para trazer os Estados Unidos para a guerra do lado dos Aliados. E se isso significava ser um dos principais responsáveis por afundar o navio RMS Lusitania, então que assim fosse...

O Lusitania era um navio britânico de luxo que foi torpedeado por um submarino alemão na costa da Irlanda. Mil cento e noventa e oito dos que estavam a bordo morreram. O ataque aconteceu porque Crowley conseguiu provar às autoridades alemãs que o navio carregava enormes quantidades de armas, e que era, na verdade, um navio de guerra. A enorme perda de vidas civis jogou a opinião pública em vários países contra a Alemanha, e foi de grande influência na decisão norte-americana de entrar na guerra.

E a Besta orgulhava-se pelo que havia alcançado.

De volta à Inglaterra, com cada vez mais homens que se juntavam às forças armadas britânicas durante a Primeira Guerra

---

100. Citado em Paul Bishop, *The Dionysian Self* (Berlin: de Gruyer, 1995), p. 83.

Mundial sendo prontamente massacrados, o país ficou desesperadamente necessitado de mão de obra. O governo decidiu que mais mulheres teriam de se envolver na produção de comida e bens para apoiar os esforços de guerra, e foi assim que o Exército Terrestre Feminino foi criado. A forma como alguns fazendeiros resistiram à mudança foi um sinal dos tempos; eles chamavam as primeiras voluntárias de "brigada do chapeuzinho lilás", mas sua objeção não era tanto à feminilidade (afinal, as mulheres sempre haviam se ocupado nas fazendas com a produção de leite e manteiga, manutenção das granjas, corte de feno para os estábulos e coisas do tipo), mas sim ao fato de que teriam de lidar com "estrangeiras" – mulheres provenientes de outra região, ou pior ainda, de outra classe social. Então, em 1916, o Conselho do Comércio começou a espalhar funcionários pelo país para organizar a agricultura e convencer os fazendeiros a aceitar essas mulheres trabalhadoras. O resultado foi que, em 1917, havia mais de 260 mil mulheres trabalhando nas fazendas.

A Grande Besta nunca havia trabalhado na terra. Aliás, nunca havia trabalhado. Nunca soubera o que é ser empregado de alguém, embora tenha passado vários anos macaqueando os mais abastados, como bem notara uma vez seu ex-cunhado.

De 1916 a 1919, Violet Firth serviu no Exército Terrestre Feminino utilizando as habilidades que havia aprendido em Studley; também aprendeu em primeira mão algo sobre o "problema de ser empregado". Na descrição de Gareth Knight, o idealismo que ela tinha e sua fé na ação direta brilhavam nela durante o primeiro ano que passou perto de Bishop's Stortford, na fronteira entre Hertfordshire e Essex. "Quando os salários começaram a ser pagos com atraso, cansada de evasivas e desculpas, ela ergueu as chaves do estabelecimento em cima da fossa de esgoto e ameaçou jogá-las ali dentro a menos que o dinheiro estivesse a caminho (...)".[101]

Depois disso, abriu-se uma oportunidade para que ela realizasse um trabalho de importância nacional, e ela se viu comandando um laboratório que conduzia pesquisas relacionadas à alimentação. Ela passava horas a fio em um prédio enorme e vazio esperando enquanto

---
101. Gareth Knight, *Dion Fortune and the Inner Light*, p. 37.

culturas de bactérias se desenvolviam em uma incubadora. Foi a fundação perfeita para tudo o que se seguiu depois.

Duas coisas advieram daquela época: a primeira foi que ela fez a genuinamente grande descoberta sobre como manufaturar queijo a partir de caseína vegetal – em outras palavras, a partir do leite de soja. Essa era a primeira vez que alguém havia conseguido produzir uma proteína não animal, e ela estava à frente de seu tempo a esse respeito. E poderia ter ganhado uma "fortuna" – trocadilhos à parte – se pudesse prever a importância da soja no mundo que ainda viria.

Em segundo lugar, um efeito colateral da obrigatória quietude desse trabalho foi que a visão astral dela repentinamente se abriu e lhe deu – segundo sua própria descrição – um dos maiores sustos de sua vida. Na escuridão, no silêncio, como se o mundo lá fora parecesse ter desaparecido, seria espantoso se as faculdades psíquicas dela *não* houvessem se aberto. É importante lembrar que nesse ponto ela não tinha treinamento no assunto. O melhor que pôde fazer foi entrar para a Sociedade Teosófica a convite de Edward L. Gardner – que mais tarde se enrolou nas controvérsias acerca das Fadas de Cottingley e também tinha alguma esperança de que sua protegida um dia iria entrar mais profundamente nos verdadeiros reinos das fadas do que quase ninguém já fora capaz de fazer.

Assim trabalhava ela na escuridão, já como membro oficial da ST, como as pessoas chamavam a Sociedade Teosófica, e foi no período de empolgação com essa recém-descoberta "visão astral", até então oculta nela durante todo o tempo, que fez o primeiro contato com os Mestres. Por um tempo ela ficou abalada com a visão da Estrela do Oriente representada por Krishnamurti, mas pouco tempo depois saiu da noite e foi para o dia, porque a Aurora Dourada se ergueria em sua vida e ela nunca mais voltaria a ser a mesma.

Violet Firth foi iniciada no Templo Alpha et Omega da Ordem Hermética da Aurora Dourada em 1919, alcançando no fim o grau de Portal. Como Nome Mágico ela adotou: "Deo non Fortuna", que significa "Por Deus, e não pela fortuna" – de onde vem o pseudônimo

Dion Fortune. Mas não havia outro significado particular na escolha desse nome. Na verdade, fora escolhido mais para esnobar do que por qualquer outra razão. Quem passasse os olhos pela lista de Nomes Mágicos de membros da Aurora Dourada encontraria firmados lemas de família, nada mais: Maiya Tranchell era conhecida como "Ex Fide Fortis", pois este era o tradicional lema da família Beauchamp, sobrenome de solteira dela; Charles Seymour era "Foy pour Devoir" porque os Seymours da Irlanda sempre haviam usado esse lema. E todos invariavelmente usavam as iniciais do lema, como: DNF, EFF, FPD, e assim por diante. É interessante notar que, talvez pelo fato de não ter vindo de alguma antiga família tradicional ou abastada, como muitos dos outros, Crowley inventava seus próprios nomes (coisa que todos deveriam fazer), de forma que na sua iniciação na mesma Ordem ele foi registrado como "Perdurabo", ou "eu durarei até o fim". Que foi exatamente o que ele fez.

Embora a Aurora Dourada (AD) fosse comandada pelo romancista J. W. Brodie-Innes, a professora imediata de Dion parece ter sido aquela mulher influente da qual já falamos, Maiya Curtis Webb, que mais tarde se tornou Maiya Tranchell Hayes. Embora DF tenha se decepcionado com o primeiro templo, a sensação inicial foi quase de alívio, como se ela tivesse parado em um porto seguro após uma longa tempestade. Foi nesse ponto que o rasgo áurico causado pela dra. Hamilton foi finalmente curado.

Apesar desse efeito positivo sobre Dion, a AD naquela época estava em decadência, seus dias de glória haviam ficado no passado. Em uma carta que Maiya escreveu a Jane Wolfe, ela se recordava dos tempos passados: "Você fala sobre eu mesma tomar a liderança da AD quando B[rodie].I[nnes]. morresse. Só queria que isso tivesse sido possível, mas não havia ninguém para liderar, os poucos com quem me mantive em contato nunca se preocuparam em seguir o que sabiam (...)".[102]

Então, embora a nova iniciada conhecida como Deo non Fortuna não achasse o que estivera verdadeiramente procurando até se unir ao Templo de Hermes em Bristol, muito tempo depois, ao menos os ecos do que havia sido feito na AD a impressionaram bastante:

---
102. Arquivos da O. T. O., 17 de julho de 1934.

> O efeito das cerimônias e métodos ensinados por MacGregor Mathers era produzir as experiências psíquicas e extensões de consciência mais memoráveis naqueles que tinham qualquer capacidade psíquica; os métodos e o objetivo desses processos eram inteligentemente ensinados nos graus mais altos em certas divisões da ordem (...)".[103]

Não foi assim que Crowley viu sua própria iniciação em 1898. Ele escreveu:

> Haviam-me feito jurar solenemente que eu manteria inviolável segredo. A mais leve quebra do meu juramento significaria que eu sofreria o ataque de uma "mortal e hostil corrente de vontade, disparada pelos Chefes Grandiosamente Honrados da Segunda Ordem, pela qual eu cairia morto ou paralisado, como se atingido por um raio fatal". E então me confiaram alguns desses devastadores, embora impagáveis, segredos. Estes consistiam no alfabeto hebraico, nos nomes dos planetas com sua correspondência aos dias da semana e as dez Sephiroths da Cabala. Já fazia meses que eu sabia de tudo isso, e, obviamente, qualquer garoto da quarta série seria capaz de memorizar a palestra inteira em 24 horas.
> Percebo hoje que minha arrogância intelectual era vazia e estúpida. É vitalmente necessário repetir várias vezes a lição ao aspirante durante o trabalho de base. Ele deve estar absolutamente familiarizado com a terminologia e teoria da Magia(k) de um ponto de vista estritamente intelectual.[104]

Na ocasião, como crianças que acabam provando ser maiores do que suas escolas, acabaram ambos sendo expulsos de seus respectivos templos. Crowley foi chutado porque originalmente apoiou seu "imperator" MacGregor Mathers durante uma dissidência interna, e mais tarde se desentendeu com o próprio Mathers. Dion foi expulsa pela sra. Mathers porque, segundo Moina insistia em dizer, tinha revelado segredos de alto grau em seu incrivelmente inofensivo livro *Filosofia Oculta do Amor e do Matrimônio*. Ambos foram, como resultado, submetidos a ataque psíquico: AC por parte do sr. Mathers,

---
103. The Occult Field Today, de Dion Fortune, em *Applied Magic*, p. 63.
104. Aleister Crowley, *The Confessions of Aleister Crowley*, p. 170.

e DF por parte da sra. Mathers. Ambos triunfaram. E ambos prosseguiram para formar seus próprios grupos, fazer coisas a seu modo, internamente.

Crowley havia sido acusado de pular graus após sua iniciação, dominando cada grau intelectualmente, mas talvez não em níveis espirituais profundos. Mas o fato é que nunca teve colegas o aconselhando a diminuir um pouco a marcha, ou indicar outras formas de agir. Ele havia se desentendido com Mathers, e além dele havia apenas Brodie-Innes e Robert Felkin, que talvez até estivessem dispostos a ensiná-lo – mas se pode apostar que Crowley teria se desentendido com eles também, caso tivessem tentado lhe ensinar algo. Então o que vemos é Crowley se tornando Ipsissimus no nível de Kether sem aprender a primeira e mais básica lição de Malkuth, que é Discernimento.

Mesmo assim, a Magia(k) estava claramente ali, dentro dele, e nunca o abandonou quando as coisas ficaram difíceis; ele provavelmente teria torcido o nariz em desprezo à tendência atual de as pessoas serem meramente ocultistas por passatempo.

Dion nunca ligou muito para graus, embora ao fim da vida ela tenha confessado a seu amigo advogado que estava passando por uma iniciação em Geburah – ou seja, os testes e as provações das energias marciais que constituem a *realidade*, em oposição ao cerimonial externo.

É tão óbvio que o par Dion Fortune e Aleister Crowley nascera para as artes mágicas, que é inevitável perguntar: Como? Onde? Por quê?

Capítulo Seis

Reencarnar e Outros Traumas

Eles não eram exatamente contemporâneos.
Ele nascera em 12 de outubro de 1875.
Ela veio ao mundo 15 anos depois, em 6 de dezembro de 1890.

Mesmo assim, comparado a Violet Firth, que desde os 4 anos de idade teve visões sobre a Atlântida perdida, ele começou tarde, tendo sua primeira experiência mística em 1896; ambos estavam magicamente equilibrados, mesmo que não cronologicamente. Seja como for, os 15 anos de diferença não parecem ter proporcionado a ele qualquer vantagem em termos de sabedoria.

Esse é o ponto em que a vara do caduceu crava-se no chão, pois quando uma alma cai na terra para nascer, usando termos gnósticos, então seu destino subsequente é definido tanto pelas energias da terra abaixo, e seu respectivo Espírito do Lugar, quanto pelas estrelas e planetas girando acima. Então, em certo sentido, a questão crucial não é *quando* eles vieram ao mundo, mas *onde*.

Edward Alexander Crowley – pois esse era seu nome real – nasceu na casa de número 30 de Clarendon Square, no Spa Leamington, no condado de Warwickshire, Inglaterra. Hoje em dia é um lugar agradável de visitar, sem que haja conhecimento público de seu filho notório; há verdade na frase que diz que um profeta tem honra, a não ser em seu próprio país. Ou, nesse caso, em sua própria cidade-spa. Leamington não era muito famosa, a não ser pelo fato de se localizar extamente no meio da Inglaterra. Então, em certo sentido, ela era o umbigo, o centro, não só da Inglaterra, mas do Império Britânico, que estava em seu ápice quando Crowley nasceu. Onde mais ele poderia ter vindo ao mundo se não fosse no ônfalo do planeta da Rainha Vitória? O pequeno e comportado Spa Leamington deveria ter se tornado a resposta Thelêmica a Bethlehem – o centro do mundo a partir do qual o Logos pronunciou a palavra do Aeon. Hoje em dia, o lugar se gaba de vencer com regularidade algumas competições nacionais de paisagismo, e não muito mais que isso.

E Violet Mary Firth, essa altiva e potente mulher inglesa, nasceu em 1890, em 6 de dezembro, em Bryn-y-Bia, Llandudno, no país do Dragão Vermelho, ou País de Gales.

Qualquer leitor britânico entenderá a ironia dessa afirmação, mas seu sentido não é tão apreciado por leitores não britânicos.

O País de Gales não é simplesmente um condado a oeste da Inglaterra. Nenhum galês que se preze chama a si mesmo de "inglês". O País de Gales é o lar dos antigos Deuses e das energias de dragões. Mesmo assim, ela nunca mencionava que havia nascido ali, e nunca se gabou disso, como faria qualquer outra alma nascida ali. Uma vez, em um de seus romances, ela mencionou que o território conhecido como Orme[105] (em que ela havia nascido) era o lugar em que a Deusa Cerridwen cuidava de seu caldeirão. Quando o personagem perguntava quem era Cerridwen, respondem-lhe que: "(...) é a Celta Ceres, e seu caldeirão é o protótipo do Graal".[106]

Embora ela tenha feito uma palestra em Llandudno uma vez, como Dion Fortune, nunca fez qualquer comentário com relação à sua origem. Astrólogos dizem que quando uma pessoa não consegue encarar certos aspectos dentro si mesma, então invariavelmente aparece alguém que é quase uma encarnação dessas qualidades. Talvez esse fosse o papel de Penry, ser a encarnação do ferozmente altivo e potente espírito galês em Dion, além de fazê-la confrontar em sua própria psique o que ela sempre havia ignorado, ou evitado.

---

105. Que significa serpente, ou dragão.
106. Dion Fortune, *The Winged Bull* (London: SIL, 1999), p. 166.

Muitos magos, hoje em dia e naquela época, têm histórias para contar sobre o dia em que nasceram – histórias que os fazem parecer diferentes, ou mesmo semelhantes a crianças-prodígio. Algumas das histórias eram de fato verdade. Escrevendo na terceira pessoa, no começo de suas *Confissões*, Crowley oferecia a seguinte decrição:

> Ele tinha em seu corpo as três mais importantes marcas que diferenciam um Buda do resto. Nascera com a língua presa, e no segundo dia de sua encarnação um cirurgião teve de cortar o *fraenun linguae*. Ele também tinha a membrana característica para a qual foi necessária uma operação de fimose por volta de quinze anos depois. Por fim, ele tinha no centro do coração três pelos que se enrolavam da esquerda para a direita no formato exato de uma suástica.[107]

De forma bem parecida, Patrick Benham conta em seu livro *The Avalonians* [Os que vêm de Avalon] sobre um casal de aposentados que havia ido morar na casa vizinha à de Kitty Tudor Pole, irmã do conhecido místico Wellesley Tudor Pole, fundador do Chalice Well Trust, em Glastonbury:

> A mulher contou a Kitty uma estranha história. Evidentemente, pouquíssimo tempo após o nascimento de sua filha, algo havia acontecido para convencê-la de que a criança era um tipo de duende: como se algo houvesse roubado sua alma para substituí-la por outra. A mãe era Sarah Firth; a criança era Violet Mary.
>
> Há tempos correm rumores nos círculos ocultistas segundo os quais Dion Fortune era resultado de intervenção de fadas.[108]

Os avós de Crowley eram ricos produtores de cerveja, e seus pais eram membros dedicados do Plymouth Brethren, que insistia na

---
107. *Confessions of Aleister Crowley*, p. 36.
108. Patrick Benham, *The Avalonians* (Glastonbury, UK: Gothic Image Publications, 1993), p. 252.

verdade literal das Escrituras, rejeitando toda a autoridade dos padres; ali, todos os membros eram livres para falar enquanto o Espírito Santo incorporava neles, e acreditavam na iminência da Segunda Vinda. Sob vários aspectos, essas crenças principais eram também encontradas no Crowleynianismo.

Os avós de Violet Firth haviam sido hoteleiros, envolvidos na direção de vários hotéis-spa que tinham tratamentos quase no estilo Nova Era moderno. Haviam se convertido à Ciência Cristã, originalmente, acreditando que certos aspectos da mente, em consonância com o espírito de Cristo, eram capazes de trazer curas reais aos doentes e necessitados. Isso mais tarde se amainou, e seu pai, Arthur, tornou-se membro do grupo mágico que a filha formara, enquanto a mãe, Sarah, era vista por muitos como uma mulher verdadeiramente espiritualizada, a seu modo. Violet nunca perdeu a vontade de curar e servir às pessoas comuns.

Em termos de escola e juventude, Crowley era visto por si mesmo como a esperada Criança Selvagem, e suas histórias sobre como descobrira os Três Reis têm ainda o poder de entreter.[109] Com relação ao mais dominante desses reis, a respeito de sua futura carreira, William G. Gray contou-me algo relatado pela mãe (que ouvira de Victor Neuburg) que sentiu ser crucial para a compreensão do Velho Mestre, como ele gostava de chamar Crowley. O relato está anexado ao Apêndice B.

Violet, até onde se sabe, era uma comportada estudante, embora Ithell Colquhoun conte que seu psiquismo às vezes assustava suas coleguinhas. Ela certamente foi a uma escola de vanguarda perto de Weston-super-Mare, no oeste da Inglaterra, mas quando a família se mudou para Londres em 1906, ela se encontrou com uma pessoa que mais tarde teria papel importantíssimo em sua vida: Maiya Tranchell Hayes – ou a sra. Curtis Webb, como era conhecida.

Bernard Bromage, que gostava de observar as pessoas, viu-se encantado por Maiya, também. Em sua experiência, a mulher mais

---

109. O *smo-king* [fumar], o *drin-king* [beber] e, é claro, o *fuc-king* [trepar] [trocadilho com "king" que significa "rei" em inglês].

velha parecia saber tudo o que havia para saber sobre ocultismo, tinha uma enorme e cara coleção de livros sobre todos os aspectos da Magia de cada tradição, e com ajuda de seu fiel empregado Thomas John Manning, exercia uma influência benevolente sobre duas casas, uma em Kingston House e outra em Kensington Square, 27a. Os quartos de ambos, segundo Bromage, estavam repletos de rosários de bruxas, amuletos ocultistas, encantamentos e várias mandalas potentes.

Se há ainda qualquer mistério a ser desvendado com relação a Dion Fortune, a resposta estaria com essa mulher. Deixe-me dar mais detalhes sobre ela, pois ela é o *link* entre o Logos do Aeon e a Shakti da Era.

Mabel Gertrude Beauchamp era a filha mais velha de Robert H. Beauchamp, advogado de Dublin, e provavelmente nasceu em 1878. O mote da família Beauchamp era "Ex Fide Fortis". Ela se casou com o dr. Curtis Webb em 30 de junho de 1898, e pediu divórcio dele em 1927, acusando-o de adultério. Por volta de 1934, ela já estava casada com o dr. Edmund Duncan Tranchell Hayes, que na época trabalhava no Hospital para Doentes Mentais do Condado de Northampton; esse casamento também parece ter afundado, pois em uma carta a Jane Wolfe (uma das alunas de Crowley em Cefalu) ela conta ter comprado um casarão em Cornwall com três empregados e cinco cães enormes.

Após sua morte, em dezembro de 1948, nada mais se ouviu sobre ela (ao menos nos planos externos) até 1966, quando uma caixa contendo seus itens mágicos que havia estado enterrada por anos em um jardim, no topo de uma colina, foi encontrada em uma praia entre Selsey Bill e Bracklesham Bay, em Sussex, depois que a colina se desmanchou. A caixa continha pôsteres, cetros, estolas adornadas e tiaras em estilo egípcio. Francis King escreveu sobre a caixa em seu revolucionário livro *Ritual Magic in England* [Magia Cerimonial na Inglaterra], que contribuiu para que o mundo comum tivesse maior noção da história secreta da magia. Em um estranho sentido, essa aparição da caixa na beira da praia foi de fato um presente da Sacerdotisa do Mar ao mundo moderno.

De acordo com Bromage, Maiya conhecia Dion desde menina – haviam sido, supostamente, vizinhas em Londres – e desde o início vira nela "uma personalidade forte e talentosa, uma poetisa encantadora e distinta e uma ocultista em potencial que tinha discernimento, capaz de cultivar sua área de estudo".[110]

Será que ela conhecera a jovem Violet Firth por ocasião dos problemas de saúde mental desta? Ambos os seus maridos estavam envolvidos nesse campo. E ela mesma uma vez sofrera um colapso nervoso quando estava no Templo Alpha Omega, colapso este que foi curado quando o alquimista residente Archibald Cockren lhe ministrou apenas três gotas de uma cuidadosamente preparada essência de terebintina.

Para Crowley, os anos seguintes foram sua era de ouro. Antes dos 35 e antes que as drogas começassem a fazer esmorecer sua força incrível, ele havia visto mais, feito mais, do que muitos de nós jamais farão, não importa quanto tempo ou quão corajosamente vivamos. Após se matricular na Trinity College, em Cambridge, 1895, e escrever seu primeiro livro pornográfico (*White Stains* [Manchas brancas]), comportou-se de tal forma que foi expulso de residências particulares, clubes sociais, clubes de montanhismo, bordéis, cidades, Ordens mágicas e países inteiros. Ele escalou o Matterhorn (com uma vaca), foi o primeiro a atingir picos de montanhas no México e escalou o Kanchenjunga e o K2 chegando mais alto do que qualquer um antes dele – e sem oxigênio. Ele desafiava montanhas, pessoas, desertos, estepes, Deuses e suas morais, e ao longo do caminho traiu, inspirou, maravilhou e enojou homens e mulheres em todos os cantos do mundo. Seu apetite sexual era variado, visivelmente prodigioso e geralmente servido por uma série infindável de seguidores de ambos os sexos. Encontrar-se pessoalmente com ele significava nunca esquecer tal encontro.

Sua iniciação na Ordem Hermética da Aurora Dourada aconteceu em 1898. Foi quando ele conheceu o lendário MacGregor Mathers,

---

110. Citação retirada do artigo "Dion Fortune", publicado na revista *Light*, em 1960. Em seu primeiro testamento, ela deixou um livro raro escrito *pelo próprio* John Dee a R. C. Cammell (um dos primeiros biógrafos de Crowley), uma exótica coleção de joias e cacarecos para várias pessoas – principalmente mulheres –, além de valiosos broches à irmã Ethel Mary Stoney Archer, de Cheltenham.

que, junto com sua adorável e feérica esposa, eram os verdadeiros gênios por trás da Ordem. O poeta W. B. Yeats uma vez descreveu Mathers como uma chama ambulante, e também "metade lunático, metade patife". Algo similar poderia mais tarde ter sido dito com relação a Crowley, embora um pouco diferente: um terço lunático, um terço patife e um terço gênio.

Com a enorme herança ele comprou Boleskine House, às margens do Lago Ness, na Escócia, onde realizou a Operação Abra-Melin para se encontrar com seu Santo Anjo Guardião. Em seguida, conseguiu se desentender com praticamente todo mundo na Aurora Dourada, embora Mathers o tivesse iniciado como Adepto em Paris.

De 1900 a 1904 ele viajou e aventurou-se através do México, Ceilão, da Índia, Burma e Paris, novamente, onde o colunista Wambly Bald o viu anos depois e escreveu:

> É impossível para Montparnasse se esquecer dessa figura romântica que costumava caminhar até o Drôme ou o Coupole vestindo saia escocesa ou calças estilo golfe, a cabeça completamente raspada a não ser por um único cacho na frente, descrito por ele mesmo como "a Marca do Buda". Às vezes ele dizia que o cacho era sua "engenhoca", e ele tinha o hábito de tingi-lo de cor-de-rosa ou laranja para explicar seu estado de humor.[111]

Então ele se desentendeu com Mathers, foi sujeito a ataques mágicos provenientes dele, inventou um ritual de autoiniciação que lhe permitiu avançar – ou assim ele afirmava – o grau de Adeptus Major, bolou experimentos com Magia Enoquiana, deu um tiro em alguém, escreveu mais livros sobre magia e pornografia e se casou com a adorável Rose Kelly, que se tornou sua primeira Mulher Escarlate. Bêbados, passaram a lua de mel em Paris e Nápoles, no Cairo, na Índia e retornaram ao Cairo em abril de 1904.

E foi então que, graças a Rose, ele "recebeu" o famoso e possivelmente sagrado *Livro da Lei*. Essa época é considerada o início do Novo Aeon; os Thelemitas acrescentam a todas as datas comuns desde então o sufixo de E.V. – *Era Vulgari*.

---

111. Wambly Bald, *On The Left Bank*, editado por Benjamin Franklin V (Athens, OH: Ohio University Press, 1987).

Mas o que significava exatamente o termo "Mulher Escarlate"? Martin Booth coloca da melhor forma ao escrever:

> Mulher Escarlate era o termo usado para uma médium que estivesse em contato direto com os Deuses. Ela também era, na forma de Lady Babalon, considerada a consorte espiritual da Besta 666, sobre a qual ela cavalgava. Lady Babalon podia revelar a si mesma como ser humano vivo, que seria uma de suas manifestações mais inferiores. Em seu grau mais superior, manifestava-se como Shakti, companheira de Shiva no Panteão Hindu, com quem estava eternamente engajada em um abraço sexual a partir do orgasmo contínuo do qual surgiu a fundação do universo, de tudo o que existe nele e, portanto, dos Chefes Secretos.[112]

Em termos pessoais, a respeito da libido de Crowley, ela também precisava ter desejos inenarráveis e inconcebíveis, que, em termos modernos, pode significar que estaria disposta a tudo.

Foi no hotel em que se hospedavam no Cairo, após demonstrar seus poderes na Câmara Real da Grande Pirâmide, que os Deuses falaram por intermédio de Rose, que se revelou uma excelente médium de transe. Seguindo suas instruções, ele invocou Hórus e recebeu a mensagem de que o novo Aeon havia começado. Então, nos dias 8, 9 e 10 de abril, exatamente ao meio-dia, ele ouviu a voz de Aiwass, seu Santo Anjo Guardião, ditando as palavras do que viria a se tornar seu texto sagrado. Aiwass (ou Aiwaz) era o arauto de Hoor-paar-kraat (uma versão de Hórus), deus da força e do fogo. Crowley teve um vislumbre dele e o viu como um homem alto, de tez escura, na casa dos 30 anos, com a expressão de um rei selvagem, mas cujos olhos estavam cobertos para esconder seu poder destrutivo.

Embora o mensageiro primário fosse Aiwass, o *Livro da Lei* apresentou três personalidades-chave para entregar a mensagem, que são as formas divinas dos três capítulos: Nuit, Hadit e Ra-Hoor-Khuit.

Parte do livro contém cifras numéricas conhecidas como gematria, um aspecto da Cabala descrito brilhantemente por Dion Fortune como

---

112. Martin Booth, *A Magick Life* (London: Hodder & Stoughton, 2000), p. 183.

sendo semelhante a fazer medições com fita métrica, mas que os Thelemitas pareciam adorar. Aiwass avisou que o escriba, Ankh-af-nakhonsu (encarnação egípcia de Crowley) nunca deveria tentar decodificar as cifras, pois fazê-lo resultaria somente em loucura.

O *Livro da Lei*, também chamado *Liber* AL, *Liber Legis*, *Liber AL vel Legis* ou apenas AL, é algo que todos devem avaliar por conta própria, e há um sem-número de *sites* na internet onde se pode lê-lo. Para o não iniciado, é um escrito inegavelmente belo, em algumas partes, e ostensivamente perturbador em outras. Para os seguidores de Crowley, equipara-se aos textos sagrados do Cristianismo, do Budismo, do Islamismo, etc., e acreditam fielmente que o mundo se beneficiaria enormemente do livro, se apenas fosse adotado.

E o que fazia a jovem e virgem Violet Mary Firth nessa época? Será que essa ainda não desperta Sacerdotisa de Ísis tinha alguma ideia dos eventos aeônicos que estavam acontecendo no Oriente, no místico Egito? Não, de forma alguma. Weston-super-Mare, pequeno *resort* marítimo, é completamente distante do calorento e caótico Cairo, e levaria alguns anos até que Crowley publicasse o *Liber* AL. Mas a cidadezinha se mostrava tão importante para o despertar de Violet quanto o Cairo foi para Crowley. Não que Miss Firth houvesse vislumbrado algum tipo de rei com rosto selvagem, como Aiwass, mas – improvável como possa parecer – ela claramente se conectou com uma energia tão potente quanto. DF estava trabalhando com o que Robert Graves mais tarde chamou de "Deusa Branca": o espírito da terra, que busca voz através da poesia. Se Crowley era Fogo e Ar, então ela era Terra e Água.

Em 1904, enquanto Ankh-f-n-Khonsu criava o *Livro da Lei*, Violet viu seu próprio livro de poesias ser publicado com o oportuno nome *Violets*, mais tarde seguido do livro *More Violets*. O primeiro livro continha as seguintes palavras no frontispício: "Estes poemas são oferecidos ao Público na esperança de que aqueles a quem a autora é hoje uma estranha possam, algum dia, tornar-se seus amigos".

Esse pode tanto ser o anseio de uma criança muito solitária quanto o de uma criança extremamente segura e cheia de afeto.

Ao contrário do *White Stains*, de Crowley, que havia sido feito para chocar, não havia (não surpreendentemente, vindo de uma criança de 14 anos) qualquer referência ou insinuação sexuais; em vez disso, os poemas em dois finos volumes falavam muito de espíritos elementais, com títulos como: "As Colinas", "O Milharal", "Música na Natureza" e "A Canção do Mar". As Deusas da terra e do mar já principiavam a falar com ela. Anos mais tarde, falariam por meio dela. De todos os poemas, talvez o mais interessante seja "A Canção do Mar", escrito em fevereiro de 1904, embora não tanto por seu conteúdo, mas pelo senso de ritmo. Os versos de abertura são:

> What are the billows murmuring?
> Singing so soft and low,
> As, retreating, they bare the sea-sands fair
> With a ceaseless ebb and flow:
> (...)
> And fiercely the north wind bellows,
> And loudly the billows roar;
> With an impotent rage, that nought can assuage,
> They rush on the rock-bound shore...*

Havia também o revelador poema de *More Violets*, que ela escreveu em julho de 1906, chamado "O Rio da Vida":

> Where the great grey peaks for ever
> Raise their heads towards the sky,
> There its fountain has the river,
> Flowing onwards, pausing never,
> Down to where the willows quiver:
> Onwards, downwards, solemn river,
> Flowing through eternity.

---

* N. T.: Tradução livre do poema: "O que murmuram as ondas?/ Cantando doce e suavemente/ Enquanto, ao recuarem, desvendam as areias/ Num ir e vir incessante (...) // E fortemente assopram os ventos do norte/ E as vagas do mar rugem;/ Com impotente raiva, que nada pode acalmar/ Elas se jogam na arrebatação contra as pedras..."

So my life is ever flowing,
Onwards to the sea,
Down to where the waves are roaring,
And the snow-white gull is soaring –
There at last its waters pouring,
Mingling for eternity.*

Tais escritos foram, se muito, as preliminares de seu soberbo poema em prosa de *The Sea Priestess*, que hoje em dia permanece sendo um dos mais belos romances sobre Magia real que já foram escritos, um romance absolutamente embebido em ritmos do mar a um grau quase hipnótico, e do qual esse esforço de infância é quase uma profecia.

Ela deve ter se orgulhado quando esse primeiro esforço ganhou uma bela resenha em *The Girl's Realm*, em maio de 1905, em que o crítico elogiava a esperta Violet, jovem amante da natureza, e se perguntava se "o Tempo, que põe tudo à Prova, terá nos reservado outra Elisabeth Barrett Browning, ou outra Emily Brontë".

A esperta jovem Violet. Poucas pessoas haviam usado termo parecido com relação a Crowley, apesar do espanto que às vezes sentiam com seu conhecimento. Nem tinha o resenhista como saber que um dia a poeta juvenil Violet existiria além do Tempo, e apareceria às pessoas em seus sonhos, ou em visões, direcionando as correntes de suas vidas. Ele não tinha como imaginar a conexão que ela faria com o homem prestes a ser classificado como o mais perverso do mundo.

O ano de 1905 foi um ano de mais maravilhas na vida de Aleister Crowley. Depois de publicar *Collected Works* [Obras completas], com 30 anos de idade, ele viajou pela China com Rose e começou a escrever *Liber 777*, que contém as tabelas de correspondência que fazem a

---

* N. T.: Tradução livre do poema: "Onde os grandes topos acinzentados para sempre/ Erguem suas cabeças em direção ao céu,/ Ali sua fonte tem o rio/ fluindo em frente, sem nunca parar,/ Até embaixo, onde os chorões estremecem/ Em frente, para baixo, rio solene,/ Fluindo pela eternidade. // Assim minha vida flui,/ Em direção ao mar,/ Para baixo, onde as ondas rugem,/ E onde voa a gaivota branca como neve –/Ali por fim o rio deságua,/ Misturando-se pela eternidade."

Cabala funcionar, e que muitos deveriam contestar, mas poucos o fazem. Ele alcançou o êxtase espiritual conhecido como Samadhi, mas especulou o quanto desse estado não fora resultado do haxixe. Ele não tinha mais muito interesse em buscar Mestres, ou em desafiá-los, porque sob seu próprio ponto de vista (e o de seus seguidores) ele era agora um Mestre por sua própria conta e rito/risco...

Em 1907, ele escreveu *The Holy Books* [Os livros sagrados] e *Konx Om Pax*, e fundou sua própria Ordem, a A. A. Nesse ano, ele também conheceu J. F. C. Fuller, que aceitou totalmente o Mestre Therion e tudo aquilo em que ele acreditava – até acabarem se desentendendo. Ele visitou o Marrocos e então caminhou pela Espanha com Victor Neuburg. Então, entre 1909 e 1913, publicou os primeiros dez volumes de *The Equinox*, por conta própria e nunca recuperou o dinheiro, mas também não se absteve de uma boa qualidade de publicação.

E durante aquela época, ele também vivenciou a morte de seus filhos, que foram mencionados em seus escritos, mas não parecem tê-lo registrado como um pai normal e carinhoso. Na verdade, ele parecia mais interessado em culpar a mãe deles, Rose. O fato é que mesmo seus discípulos mais ardentes nunca poderiam dizer que ele era um bom pai.

Crowley teve vários filhos com várias mulheres, e provavelmente muitos mais, desconhecidos, como resultado do sem-número de casos breves.[113] No total, ele teve pelo menos cinco filhas e um filho.

Rose teve três filhas, uma seguida da outra: Ísis, com seu esplêndido nome, Hecate e Lola Zasa. Apenas esta última sobreviveu até a idade adulta.

Leah Hirsig deu à luz o bebê que chamou de Poupee, e após um longo período de saúde precária ela morreu em Cefalu.

De Deirdre MacAlpine, que o confrontou na escadaria do tribunal, exigindo ter dele um filho, nasceu Aleister Attaturk, em 1937.

Existe também um homem que insistentemente afirma ser filho dele. Seu nome é Amado Crowley, mas não se sabe praticamente nada quanto à veracidade de suas afirmações.

---

113. Existe, por exemplo, o rumor de que Barbara Bush é filha dele!

E quanto a Violet Firth? Além de ter feito parte do grupo de Cientistas Cristãos por um tempo, e de ter visto publicado seu poema "Angels" no jornal deles, não há muitas informações relacionadas ao período, a não ser rumores – sempre contados em um tom de confidência e pausas dramáticas – de que ela passara um tempo no Lake District. A implicação aqui é simplesmente que ela estava grávida, e, naqueles dias, mesmo entre as famílias liberais, como a dela parece ter sido, era uma grande desgraça, um indizível erro. Nas classes mais baixas, as mulheres que ficavam grávidas fora do casamento eram normalmente mandadas ao hospício mais próximo, ou a um reformatório. Ou então, caso a família pudesse bancar, mudavam-se para outra área e a nova avó criaria a criança como se fosse sua, a mãe verdadeira fazendo o papel de irmã mais velha.

Não existem provas de que isso tenha de fato acontecido com Violet, a não ser por uma wiccana que nos anos 1980 discretamente entrou na justiça afirmando ser filha ilegítima de Violet, o que é pertinente devido à natureza da Faculdade de Studley. Janine Chapman entrevistara duas idosas que haviam de fato estudado com Violet em Studley, e ouviu que o lugar era na verdade uma semicasa de repouso para jovens neuróticas. Uma das mulheres em questão, Evelyn Heathfield, descreveu seu primeiro encontro com a srta. Firth:

> Ela me alcançou e me mediu com o olhar; sorria de um jeito, e até hoje não consigo me lembrar, mas acho que ela tinha um dente faltando. Era um sorriso banguela. Ela disse: "Oh, você é louca? Ou não se entende com seus pais em casa? Ou você se apaixonou?".[114]

É bem possível que todos os três casos se aplicassem a Dion Fortune, e que ela tenha sido mandada ali para se recuperar não só de um romance que dera errado, sugerido mais tarde em *The Demon Lover*, mas do nascimento de uma criança.

---

114. Janine Chapman, *The Quest For Dion Fortune*, p. 165.

Capítulo Sete

Vidas Passadas
e Futuros Semelhantes

Cada mago tem recordações do que parecem ser vidas passadas. Mas nenhum mago de verdade se apega muito a isso, e sempre tem noções diversas com relação à verdadeira natureza delas. Crowley tinha várias dessas aparentes "memórias distantes" se derramando sobre ele durante seu Grande Retiro Mágic(k)o no Rio Hudson, mas ele sempre se recusou a endossar qualquer teoria sobre o que significariam além de uma ligação com o subconsciente. Como ele disse em *Confissões*: "Eu me recuso a afirmar qualquer teoria quanto ao que isso realmente significa. Toda memória é um redespertar de impressões muito antigas. O que eu estava de fato fazendo era penetrar nas camadas mais profundas do meu eu inconsciente".

Assim, com isso em mente, de certa forma ele já fora: o sacerdote egípcio Ankh-f-n-Khonsu; uma prostituta grega chamada Astarte; o patife, mas fisicamente bem-dotado, Edward Kelly; Cagliostro e o mago francês Eliphas Levi.*

Violet Firth, já de início, a partir de suas primeiras memórias de quando tinha 4 anos de idade, sabia que suas raízes estavam na perdida Atlântida. Mais tarde, já como Dion Fortune, ela parece ter recuperado as vidas passadas egípcia, nórdica e cátara, mas estava certa de que sua encarnação imediata anterior a esta havia sido a de um pirata espanhol que fora enforcado em Bristol.

Mesmo assim, nenhum dos dois ficou obcecado com esse aspecto da memória mágica e mágic(k)a.

---

* N.E.: Sugerimos a leitura de *Dogma e Ritual de Alta Magia* e *A Chave dos Grandes Mistérios*, de Eliphas Levi, ambos da Madras Editora.

Desde que morreram, entretanto, uma série de homens já afirmou ser reencarnação de Aleister Crowley, embora nenhum possua um décimo da genialidade dele; alguns eram simplesmente doentes mentais. Da mesma forma, eu pessoalmente conversei com várias almas sinceras e absolutamente adoráveis que sentiam ser reencarnações de Dion Fortune – mulheres com verdadeiros dons mágicos em vários níveis, mas incapazes de responder às questões sobre a vida dela, e ainda ficavam irritadas quando eu não conseguia – ou não podia – reconhecê-las. Na verdade, se qualquer leitora deste livro acredita ser Dion Fortune renascida, então, por favor, escreva-me para dizer exatamente – exatamente, veja bem – onde foi que Violet Firth estudou entre os 5 e os 11 anos de idade.

Eu pessoalmente gosto da noção de Timothy Leary, que, após uma viagem pesada de ácido em Bou Saada com Brian Barritt, passou a considerar-se uma "continuação" de Crowley, em oposição a uma reencarnação no sentido comum da palavra. Havia, para ele, fortes paralelos entre sua experiência e a de Barritt, e entre a experiência de Dee e a de Kelly e, por extensão, entre a de Crowley e Neuberg. Leary se via como parte de uma linha de feiticeiros recorrentes através da história, e sentia estar interpretando uma espécie de roteiro cósmico para uma corrente transformadora constante que se repetia ao longo do tempo.[115]

Assim, nesse sentido, é possível que Dion estivesse interpretando um roteiro cósmico em que dava continuação à magia de Morgana le Fay, e, antes disso, de uma Sacerdotisa de Ísis, e, muito, muito antes de qualquer uma delas, de uma Sacerdotisa do Mar vinda da Atlântida.

É bem capaz que nos vejamos envolvidos nesse mesmo roteiro holográfico, continuando os papéis do Logos do Aeon e da Shakti da Era, ajudando a manifestar essa corrente transformadora – seja ela denominada o Aeon de Hórus, Maat ou simplesmente a Era de Aquário.

Deus nos abençoe a todos...

---

115. Ver John Higgs, *I Have America Surrounded: The Life of Timothy Leary* (Fort Lee, NJ: Barricade Books, 2006).

Posfácio

O que vocês acabaram de ler foi um tipo de apanhado sobre duas pessoas extraordinárias que necessitam e merecem mais do que algumas notas aqui e ali para serem apreciadas. Há uma vasta quantidade de informações sobre ambas essas almas na internet que, até onde eu sei, é analogamente inferior às Galerias do Alasca – mas bem mais fácil de acessar. Na verdade, Dion Fortune e Aleister Crowley são como ícones em uma tela de computador: clique neles e coisas espantosas podem se abrir. É preciso apenas um esforço individual. Os *sites* com os quais você pode começar são:

    www.oto.org
    www.sria.org
    www.angelfire.com/az/garethknight/
    www.cornelius93.com/
    www.servantsofthelight.org
    www.alric.pwp.blueyonder.co.uk

    Para leituras adicionais no papel, eu sugeriria...

A melhor biografia sobre Crowley é a escrita por Lawrence Sutin, *Do What Thou Wilt*. Embora ele não seja praticante de magia, Sutin consegue mostrar um grande *insight* e certo grau de empatia com relação às ramificações e sutilezas da senda mágica. Além disso, *The Great Beast*, de John Symond, continua sendo leitura obrigatória, embora os Thelemitas mais conservadores não consigam perdoá-lo por não aceitar o *Livro da Lei* e (merecidamente) por mostrar os piores lados de Crowley. A esse respeito, Snoo Wilson, com seu extraordinário romance *I, Crowley* [Eu, Crowley], faz uma brilhante evocação de Crowley. E é claro, há o magistral *Confessions*, em que a Grande Besta conta sua própria história utilizando suas próprias inimitáveis palavras. Os últimos dois livros escritos por ele podem ser encontrados e lidos na rede, em vários sites. Há também o curioso *Aleister Crowley and the Ouija Board*, por J. Edward Cornelius, que aponta alguns aspectos pouco usuais do Velho Mestre, e o espantosamente pesquisado *Secret Agent 666*, de Richard B. Spence, que deveria ser leitura obrigatória para todos os que se interessam pelo assunto.

Embora meu livro *Priestess: The Life and Magic of Dion Fortune* tenha sido a primeira biografia geral sobre ela, além de ter sido ampliada, revisada e atualizada para incluir dados sobre sua família e a forma como foi criada, eu o vejo como uma apresentação para o livro *Dion Fortune and the Inner Light*, de Gareth Knight, que foi escrito a partir do acesso completo e invejável que o autor teve aos arquivos da Sociedade da Luz Interior. Há também *The Quest For Dion Fortune*, de Janine Chapman, e *The Story of Dion Fortune*, de Charles Fielding e Carr Collins. Para ler as palavras da própria Dion sobre sua vida, o clássico *Autodefesa Psíquica* é essencial, e um dos livros mais extraordinários já escritos.

Pessoalmente, eu aceito a Thelema? Não, apesar do fato de que, na juventude, eu costumava citar "Faz A Tua Vontade" quando queria que as coisas fossem feitas do meu jeito, sem sentir culpa por nada. Mas sendo alguém que trabalhou com as energias iguais e equilibrantes de Hórus e Set por tempo considerável, posso dizer que concordo com Jean Overton Fuller quando ela diz que o *Liber* AL é um insulto a Hórus, e, portanto, eu acrescentaria, é uma horrenda difamação a Set, também. Perdurabo escancarou as portas de sua alma para deixar que o Hórus-luz do Aeon brilhasse através de si, mas o resto de suas atitudes e pecadilhos fez um belo estrago. Quanto mais velho eu fico, mais penso que ele não entendia de fato as deidades egípcias que invocava com tanta frequência, embora pronunciasse alto todos os sons e às vezes fosse apropriadamente esmagado por tais divindades.

Aceito *The Cosmic Doctrine*? Não. Eu simplesmente não compreendo uma palavra do livro. Se hoje ele tem relevância e é capaz de mudar vidas, não consigo ver como. Ao menos o *Livro da Lei* tinha algumas frases belíssimas e brilho o suficiente para afoguear o sangue de jovens mulheres e homens. Mas aceito o dito da própria DF: *Eu desejo Conhecer para poder Servir*. E se a magia não é para o bem comum, então para que serve?

Se tivéssemos vivido na mesma época, eu teria convidado Crowley para um chá? Não, mas teria adorado encontrá-lo em campo neutro, depois de me certificar de que minha esposa, minhas filhas e meu dinheiro estivessem bem longe de seu alcance. E Dion Fortune? Sim. Ela poderia vir me visitar em casa. Eu confiaria minha alma a ela.

Quem escrevia melhor? Dion Fortune. Muitos confundem o obscurantismo de Crowley com profundidade, e quanto a seu conhecimento estupidificado pela heroína, tomam por sabedoria. A maioria das pessoas tem medo de desafiar as correspondências dele, por exemplo, sob a crença aparente de que ele era onisciente, ou por serem preguiçosos ou relutantes demais para fazer um trabalho original do tipo que o próprio Mestre Therion teria aprovado.

Considerando tudo, que vida eu preferiria ter vivido? Sem dúvida a de Crowley – embora sem a sodomia e os "Cakes of Light". Acho que a percepção de Cyril Connolly segundo a qual Crowley foi o homem que fez a ponte entre Oscar Wilde e Hitler continua um sagaz traço de verdade. Existe uma ideia de que cada falha e erro da era atual pode ser visto como manifesto em Crowley um século à frente de seu tempo: o avassalador e onipresente abuso de drogas, o hedonismo, a falta de responsabilidade paterna, abandono infantil, obsessão com a escuridão e a necessidade de chocar, a mania de tomar dinheiro emprestado sem qualquer possibilidade de devolução, a megalomania, falta de generosidade, necessidade de destruir por intermédio do "choque e espanto" na crença de que isso liberta... E mesmo assim eu o admiro.

Em forte contraste, em termos de simples aventura humana e excitação, Dion Fortune não parece ter vivido muito de forma alguma.

---

* N. T.: Os "bolos de luz" são uma espécie de hóstia que levaria farinha, mel, sangue e outros ingredientes. Crowley descreve a receita no *Livro da Lei*.

Eu acredito que pessoas que se ligaram psiquicamente a eles afetaram suas mortes? Sim, é preciso que eu acredite nisso. Uma energia, ou nó de consciência que tomou a forma da Dion Fortune esteve em minha mente por vários anos, e fez com que várias coisas acontecessem no mundo externo. De forma semelhante, uma energia ou nó de consciência que tinha a forma de Ankh-f-n-Khonsu passou algum tempo tanto na minha cabeça quanto na do fantástico e já falecido Billie Walker-John quando estávamos escrevendo nosso *Inner Guide to Egypt* [Guia do Egito pelos mundos interiores].

Acredito que Dion aceitava a Lei de Thelema e teria entregue seu grupo à direção de Crowley, se tivesse vivido para isso? Não exatamente. Acredito que em termos bem gerais ela teria admitido que "Faz A Tua Vontade" era um antídoto necessário para a repressão sufocante daqueles tempos, mas a completa aceitação do *Liber* AL teria lhe parecido desnecessária e indigesta, assim como a aceitação de *The Cosmic Doctrine* seria para mim.

Mesmo assim, outros estão convencidos de que Crowley falava a verdade e de que ela de fato aceitava a Lei em sua forma mais pura, mas manteve grande segredo quanto a isso. Se esse fosse de fato o caso, então talvez pudesse vir a ser real meu deliciosamente tolo devaneio de ver os atuais dirigentes das versões da O. T. O. Typhoniana e do Califado aparecendo na sede da Sociedade da Luz Interior em Londres, pedindo para serem acolhidos.[116]

Seja qual for a verdade por trás da representatividade de Aleister Crowley e Dion Fortune como Logos do Aeon e Shakti da Era, talvez seja melhor pensar neles como energias, exemplos e potenciais representantes dentro de cada um de nós. Somos capazes de alcançá-los se assim desejarmos, sabendo que estamos na verdade indo atrás de um aspecto de nosso eu interior. Pode ser que façamos o papel de completos idiotas no processo, ao tomarmos os primeiros passos em direção à luz, criando sombras interessantes atrás, e tentando preencher nosso potencial de formas que teriam orgulhado essas figuras históricas.

---

116. Os dirigentes são respectivamente Kenneth Grant e William Breeze.

Apêndice A

Apresento uma tabela genial feita por Jerry E. Cornelius, incansável colecionador e intérprete de todas as coisas crowleynianas; ela mostra exatamente o quanto Gerald Gardner tirou dos escritos da Besta para criar sua própria religião da Wicca:

Aleister Crowley (ou recebido por ele)	Gerald Gardner
Liber LX (Missa Gnóstica) PARTE IV DA CERIMÔNIA DE LEVANTAMENTO DO VÉU (1913)	**Drawing Down the Moon (1949)**
"(...) a compreensão escurece, não em Vós alcançaremos, a menos que Vossa imagem seja o Amor. Assim, por semente e raiz e caule e folha, por flor e fruto, nós Vos invocamos".	"A Vós eu invoco e rogo, Ó poderosa Mãe de toda a vida e fertilidade. Por semente e raiz e caule e broto, por folha e flor e fruto, pela Vida e pelo Amor é que eu Vos invoco a baixar no corpo de Vossa serva e Alta Sacerdotisa [Nome]".
Liber AL (Livro da Lei) Capítulo I (1904)	**"Lift Up the Veil" (1949)**
Verso 58. "Eu trago alegrias inimagináveis à terra: certeza, e não fé, enquanto em vida e sobre a morte; impronunciável paz, descanso, êxtase; não exijo nada em sacrifício".	"(...) Que o êxtase seja meu, e a alegria na terra igual a mim, A Mim, Pois Eu sou uma graciosa Deusa. Eu trago inimagináveis alegrias à terra, certeza, e não fé, enquanto em vida! E na morte, impronunciável paz, descanso e êxtase, e não exijo nada em sacrifício".

Verso 61. "Amar a mim, no entanto, é a melhor de todas as coisas: se sob as estrelas na noite do deserto vós pessoalmente acenderes meu incenso diante de mim, invocando-me com o coração puro, e se a Serpente estiver em chamas dentro de ti, virás descansar um pouco em meu colo. Por um beijo estarás, então, disposto a dar tudo em troca; mas aquele que der uma partícula de pó, naquele instante perderá tudo. Acumularás bens e provisões de mulheres e especiarias; irás usar ricas joias; irás exceder as nações na terra em esplendor e orgulho; mas sempre no amor a mim, e então virás à minha alegria. Eu comando que venhas com seriedade ante a mim usando apenas um manto e coberto em rico capuz. Eu amo a vós! Eu desejo a vós! Pálida ou violeta, velada ou voluptuosa, Eu, que sou toda prazer e violeta, que sou a ebriedade do sentido mais íntimo, vos desejo. Veste vossas asas e desperta o esplendor que está enroscado dentro de vós: vem a mim!"	"(...) Eu amo a vós: eu desejo a vós: pálida ou violeta, velada ou voluptuosa, Eu, que sou toda prazer e violeta, e a ebriedade dos sentidos mais íntimos, vos desejo. Veste vossas asas, desperta o esplendor que está enroscado dentro de vós: vem a mim".
Capítulo II Verso 6. "Eu sou a chama que queima em cada coração humano, e no centro de cada estrela. Eu sou Vida, e sou quem dá a Vida, e ainda assim conhecer a mim é conhecer a morte".	"pois eu sou a chama que queima em cada coração humano, e sou o centro de cada Estrela".
Versos 35 & 42. "Que os rituais sejam corretamente realizados, com alegria e beleza! Um banquete todos os dias em vossos corações, na alegria de meu arrebatamento!"	"(...) Deixai existir o seu divino mais íntimo que está perdido no arrebatamento constante da alegria infinita. Que os rituais sejam corretamente realizados, com alegria e beleza. Lembrai que todos os atos de amor e prazer são meus rituais".

Apêndice A

Verso 20.
"Beleza e força, risada arrebatadora e langor delicioso, força e fogo, estão em nós".

Iniciações da O. T. O. de I, II & III Graus (Original, por volta da década de 1920)

Liber LX (Missa Gnóstica), Parte IV DA CERIMÔNIA DO LEVANTAMENTO DO VÉU (1913)

"A vós que assim adoramos, também invocamos. Pelo poder da Lança erguida!" "Ó círculo de Estrelas do qual nosso Pai não é mais que irmão caçula, maravilha para além da imaginação, alma do espaço infinito, diante do qual o Tempo se Envergonha, a mente pasma e a compreensão escurece, não em Vós alcançaremos, a menos que Vossa imagem seja o Amor. Assim, por semente e raiz e caule e folha, por flor e fruto, nós Vos invocamos".

Liber AL (Livro da Lei, Capítulo I) (1904)

Verso 27.
"Então o sacerdote respondeu e falou à Rainha do Espaço, beijando suas adoráveis sobrancelhas, e o orvalho da luz dela banhando o corpo inteiro dele em um doce perfume de suor: Ó Nuit, a que se estende pelo Céu, permitais que seja sempre assim; que os homens não

"(...) Então que haja beleza e força, risada arrebatadora, força e fogo dentro de vós. E se vós disserdes: 'Fiz uma jornada dentro de ti, e de nada me serviu', deves em vez disso dizer: 'Invoquei a vós, e esperei pacientemente e, espanto, estavas comigo desde o início', pois aqueles que me desejarem alcançarão a mim, mesmo quando todo o desejo chegar ao fim".

Iniciações da Wicca, I, II e III Graus (Original, 1949)

Iniciação de III Grau (1949)

"Assim, a vós que adoramos também invocamos pelo poder da lança erguida". "Ó círculo de estrelas [beijo] do qual nosso Pai não é mais que irmão caçula [beijo], Maravilha para além da imaginação, alma do espaço infinito, diante do qual o tempo se envergonha, a mente pasma e a compreensão escurece, não em vós alcançaremos, a menos que vossa imagem seja o amor [beijo]. Assim, por semente e raiz e caule e folha, por flor e fruto, nós vos invocamos, [beijo]"

"Ó Rainha do céu, Ó orvalho da luz, aquela que se estende pelos Céus [beijo]. Permitais que assim seja sempre, que os homens não falem de vós como a Escolhida, e sim como a que Não É; e que os homens não falem de vós de forma alguma, pois sois contínua," falem de vós como a Escolhida, e sim como a que Não É; e que os homens não falem de vós de forma alguma, pois sois contínua!"

Verso 60.
"Meu número é 11, como é o número de todos aqueles que são dos nossos. A Estrela de Cinco Pontas, com um Círculo no Meio, & o círculo é Vermelho. Minha cor é negra aos cegos, mas o dourado & o azul podem ser vistos pelos que veem. Eu também tenho uma glória secreta àqueles que me amam".

"pois sois a ponta dentro do círculo [beijo], o qual adoramos [beijo], a fonte da vida sem a qual não existiríamos [beijo]. E dessa forma são verdadeiramente erigidos os Santos Pilares Gêmeos Boaz e Joaquim [beijos nos seios]. Em beleza e força foram erigidos, para maravilhamento e glória de todos os homens". (Beijo de Oito: 3 pontas, Lábios, 2 Seios e de volta aos lábios; 5 pontas)

Liber LX (Missa Gnóstica) Parte IV DA CERIMÔNIA DO LEVANTAMENTO DO VÉU (1913)

"Ó segredo dos segredos oculto no ser de tudo que vive, não a Vós adoramos, pois aquilo que adora também é Vós. Vós sois Aquilo, e Aquilo sou Eu".

"Ó Segredo dos segredos oculto no ser de todas as vidas. Não a Vós adoramos, pois aquilo que adora também é Vós. Vós sois Aquilo, e Aquilo sou Eu [beijo]."

Liber AL (Livor da Lei), Capítulo II (1904)
Verso 6.
"Eu sou a chama que queima em cada coração humano, e no centro de cada estrela. Eu sou Vida, e sou quem dá a Vida, e ainda assim conhecer a mim é conhecer a morte".

"Pois eu sou a chama que queima em cada coração humano, e sou o centro de cada estrela [beijo]. Eu sou Vida e sou quem dá a Vida, e ainda assim conhecer a mim é conhecer a morte [beijo]".

Verso 23.
"Estou só: não há Deus onde estou".

"Estou só, o Senhor dentro de nós mesmos cujo nome é Mistério dos Mistérios [beijo]".

Apêndice A

Liber LX (Missa Gnóstica) Parte IV DA CERIMÔNIA DO LEVANTAMENTO DO VÉU (1913)	
"Vós que Sois Aquele, nosso Senhor do Universo o Sol, nosso Senhor em nós mesmos cujo nome é Mistério dos Mistérios, ser máximo cujo brilho ilumina os mundos, sois também o sopro que torna todos os Deuses iguais e faz com que a Morte tema ante a Vós-Pelo Sinal da Luz apareçais Vós glorioso no trono do Sol."	"Abri a senda da inteligência entre nós. Pois estes são verdadeiramente os cinco pontos da fraternidade [à direita surge um diagrama iluminado do triângulo apontando para cima acima do pentáculo, o símbolo do terceiro grau], pé com pé, joelho com joelho, pelve com pelve, seio com seio, braços em torno das costas, lábios com lábios, pelos Grandes e Santos Nomes Abracadabra, Aradia e Cernunnos. Magus e Alta Sacerdotisa:"
"Abri a senda da criação e da inteligência entre nós e nossas mentes. Iluminai nossa compreensão"	
"Encorajai nossos corações. Que vossa luz se cristalize em nosso sangue, preenchendo-nos de Ressurreição".	"Encorajai nossos corações. Que vossa luz se cristalize em nosso sangue, preenchendo-nos de Ressurreição".
Liber LX (Missa Gnóstica) Parte VIII DO CASAMENTO MÍSTICO E CONSUMAÇÃO DOS ELEMENTOS (1913)	
"Não há parte em mim que não seja dos Deuses"	"pois não há parte em nós que não seja dos Deuses"
Liber AL (Livro da Lei), Capítulo II (1904)	**Rituais do Sabá (1949)** 1º de novembro
Verso 6. "Eu sou a chama que queima em cada coração humano, e no centro de cada estrela. Eu sou Vida, e sou quem dá a Vida, e ainda assim conhecer a mim é conhecer a morte".	"Senhor Tenebroso das sombras, deus da vida e aquele que dá a vida. E ainda assim, conhecer a vós é conhecer a morte. Abri totalmente vossos portais, eu vos rogo, através dos quais todos devem passar"

Liber LX (Missa Gnóstica) Parte IV DA CERIMÔNIA DO LEVANTAMENTO DO VÉU (1913)	**1º de fevereiro**
"Vós que Sois Aquele, nosso Senhor do Universo o Sol, nosso Senhor em nós mesmos cujo nome é Mistério dos Mistérios, ser máximo cujo brilho ilumina os mundos, sois também o sopro que torna todos os Deuses iguais e faz com que a Morte tema ante a Vós-Pelo Sinal da Luz apareçais Vós glorioso no trono do Sol.	"Senhor Tenebroso das sombras, deus da vida e aquele que dá a vida, cujo nome é Mistério dos Mistérios, encorajai nossos corações. Que vossa luz se cristalize em nosso sangue, preenchendo-nos de Ressurreição, pois não há parte em nós que não seja dos Deuses. Baixai, rogamos, neste vosso servo e sacerdote (nome)".
"Abri a senda da criação e da inteligência entre nós e nossas mentes. Iluminai nossa compreensão"	
"Encorajai nossos corações. Que vossa luz se cristalize em nosso sangue, preenchendo-nos de Ressurreição"	
	1º de maio
"a compreensão escurece, não em Vós alcançaremos, a menos que Vossa imagem seja o Amor. Assim, por semente e raiz e caule e folha, por flor e fruto, nós Vos invocamos".	"Eu vos invoco e a vós rogo, Ó poderosa Mãe de todos nós, de quem frutificam todas as coisas. Por semente e raiz e caule e folha, por flor e fruto, por vida e amor; nós vos invocamos para que baixes no corpo desta vossa serva e Sacerdotisa".
Liber AL (Livro da Lei), Capítulo I (1904)	**Em Auxílio aos Doentes (1953)**
Verso 13. "Eu estou acima de ti e em ti. Meu êxtase está no teu. Minha alegria é ver a tua alegria". Verso 53. "Isso deverá regenerar o mundo inteiro, o pequeno mundo minha irmã, meu coração & minha língua, a quem envio	"Lembra-te sempre da promessa da Deusa, 'pois o êxtase é meu e alegria na terra', então que haja sempre alegria em teu coração. Cumprimenta as pessoas com alegria, fique feliz em vê-las. Se os tempos forem difíceis, pensa: 'Poderia ter sido pior. Eu, ao menos, conheci as alegrias do Sabbath, e vivê-las-ei novamente'".

este beijo. E também, ó escriba e profeta, embora sejais dos príncipes, isto não te fará ganhar favores, nem te absolverá. Mas seja tua a alegria da terra: sempre a Mim! A mim!"

Verso 58.
"Eu trago alegrias inimagináveis à terra: certeza, e não fé, enquanto em vida e sobre a morte; impronunciável paz, descanso, êxtase; não exijo nada em sacrifício".

"Mas mantém tua própria mente feliz. Lembra-te das Palavras da Deusa: 'Eu trago alegrias inimagináveis à terra: certeza, e não fé, enquanto em vida e sobre a morte; impronunciável paz, descanso, êxtase; não exijo nada em sacrifício'. Nos velhos tempos, muitos de nós iam para a fogueira rindo e cantando, e o faremos novamente. Teremos alegria na vida e beleza e paz e Morte e a promessa do retorno".

A Corrente 93

Faz a tua vontade é o todo da Lei. Amor é a Lei, amor sob a vontade.

O Conselho da Wicca

Deves obedecer à lei da Wicca,
Em amor e confiança perfeitos. As oito palavras que formam o conselho Wiccano são:
"Se a ninguém prejudicares, faz a tua vontade".
A menos que estejas te defendendo,
Atenção sempre para a regra dos três.
Segue a regra com a mente e o coração.
Alegres nos encontramos, e alegres nos despedimos.

Apêndice B

Quando William G. Gray concordou em me deixar trabalhar em sua biografia, mexendo no masnuscrito original de forma que ele não fosse mais tarde processado por praticamente todos os magos do final do século XX, ele sentiu que era importante transmitir essa análise de Crowley, que conheceu quando era ainda um menino. Reproduzo suas palavras exatas, e não mexeria em suas cartas agora, assim como não mexeria no *Livro da Lei*. Eu sou capaz de lidar com Crowley na minha mente, mas um Bill Gray seria demais da conta...

14 Bennington St.,
CHELTENHAM
GL50 4ED
24 de junho de 1988

Caro Alan,
Obrigado por ter ignorado completamente a única pergunta que eu te fiz, que era especificamente se você achava que eu deveria escrever minhas experiências na América para a autobiografia. Eu ficaria feliz se você respondesse, mesmo que não dissesse mais nenhuma outra palavra.

Até onde as <u>suas</u> investigações podem dizer, minha resposta oficial é, é claro, vá em frente, lide com isso da forma que achar melhor e da forma como vê os sujeitos com quem lida. O importante é que você veja as personalidades das pessoas de que está tratando, e o trabalho que fizeram, como tópicos distintos e diferentes, por mais próximos que possam estar conectados. Por exemplo: quando falar de Crowley, não dá para ressaltar suficientemente a importância do incidente em que a mãe dele o pegou na cama com a empregada, e o tratamento subsequente que ela deu a isso, porque aquela única ocasião determinou todo o resto da vida dele e seu comportamento. Se você não conhece a história, aconteceu assim.

Como você deve saber, Crowley foi criado por parentes de mentalidade extremamente fechada, de orientação típica das crias de Plymouth. O pai morrera quando ele tinha 8 anos, e a mãe foi morar com um tio de mentalidade quase tão fechada. Crowley não recebia absolutamente nenhum amor pessoal, e era uma criança naturalmente afetuosa que não tinha meios de expressar sua afeição. Quando ele atingiu a maturidade sexual, suas ansiedades e sentimentos reprimidos estavam além de qualquer descrição. Aparentemente ele tinha se entendido com a jovem "serviçal", como se dizia na época, e se algum dia surgisse a oportunidade, ela iria iniciá-lo nas delícias da experiência sexual. O tio estava aparentemente ausente na época, e uma noite a sra. Crowley anunciou que estaria numa reunião religiosa em algum lugar, e não voltaria até altas horas. Isso trouxe a oportunidade que ele precisava, e então, após um bom intervalo, o jovem Mestre Aleister e a garota, que supostamente teria já quase 30 anos, mais ou menos, decidiram se enroscar. Eles ignorantemente, mas compreensivelmente, escolheram a grande cama da sra. Crowley para desempenharem o ato, e prolongaram consideravelmente as preliminares. Por fim, foram para a cama e começaram o negócio seriamente. De repente, no meio do balanço, literalmente, a porta do quarto abriu e entrou a sra. Crowley. A reunião havia sido cancelada na última hora, e ela tinha ido direto para casa. Mas como os autores Vitorianos costumam dizer, eu NÃO fecharei as cortinas sobre essa cena dolorosa. Após o susto do horror inicial, a sra. C ordenou o encerramento imediato de *performance* tão chocante. A empregada foi demitida imediatamente e dispensada sem receber nada (eles podiam fazer isso naqueles tempos), e tinha uma hora para arrumar as coisas e partir, mas aí vem a parte horripilante. A sra. Crowley NÃO perdeu a cabeça, não teve um ataque de raiva nem expressou emoção. Teria sido muito melhor se tivesse feito isso. Mas ela começou uma ladainha do tipo o que ela havia feito para ofender tanto a Deus a ponto de ele lhe mandar um filho tão perverso, perverso, PERVERSO, PERVERSO? Ela não parava, falando o tempo inteiro sobre como o ato do jovem Aleister havia sido pecador e malévolo. Disseram-me que isso se estendeu por quatro horas, com o pobre jovem forçado a ouvir cada palavra sem dizer nada em defesa própria. Ela continuou a injuriá-lo naquela voz fria e dura com cada citação bíblica apropriada em que era capaz de pensar, especialmente as Revelações, com menções especialmente à Grande Besta e à Mulher Escarlate. No fim, disse que o jovem Aleister deveria passar o resto da noite ajoelhado rezando pelo perdão, e sem jantar.

Ao menos essa foi a história que ouvi de minha mãe, que a ouviu de Victor Newberg [sic], que presumivelmente a ouviu do próprio Crowley. Eu sinto que isso explica totalmente Crowley, mas de quem foi o pecado maior, dele por seguir seus instintos naturais ou da mãe por seguir uma doutrina antinatural e cruel, eu não me atreveria a julgar. Considere que o próprio Aleister não havia nem chegado ao orgasmo por causa desse coito interrompido pouco usual, mas literal. Agora: é de se espantar a vida estranha que ele levou? Tudo o que minha própria mãe fez foi avisar-me para tomar cuidado com as doenças venéreas que eu poderia pegar se não fosse cuidadoso, e me aconselhou quanto a questões essenciais de higiene. Duvido que haja muitas mães hoje em dia que agiriam como a sra. Crowley, embora eu ache que devam ainda existir algumas.

Bobbie vai ter que ficar internada no hospital na próxima semana para uma pequena operação na mandíbula inferior, mas, até onde eu sei, ela sairá em alguns dias com a cara doendo e humor péssimo. Por isso vou ter que cuidar sozinho dos gatos. Agora você pode me dizer se acha que minha história americana ajudaria minha história como está? Tudo o que eu quero saber é sim ou não. É pedir demais?

Aliás, a Sphere Books (um selo da Penguin) acabou de publicar algo de um tal de Anthony Harris, afirmando que Jesus na verdade era uma mulher chamada Yeshu. Ele passa ao largo de pontos como a circuncisão, banhos rituais do Judaísmo, o fato de que os romanos crucificavam nus os seus condenados, e coisas do tipo, mas matraqueia sobre Maria Madalena, os Cátaros, os Templários (cujo misterioso "cabeça" ele afirma ter sido a própria Yeshu), o Santo Sudário e sabe lá Deus o que mais. Eu diria que isso é bem parecido com a tal da "Máquina de Mana" e o "Exílio dos Deuses Solares", como paródia pura. Enfim. Se isso é publicável, então qualquer coisa é...

Agora, Deus abençoe C[ontinue] B[uscando]

Bill

Bibliografia Selecionada

Escritos por Aleister Crowley e sobre ele:

CORNELIUS, J. Edward. *Aleister Crowley and the Ouija Board*. Port Townsend, WA: Feral House, 2005.

CROWLEY, Aleister. *777 and Other Qabalistic Writings of Aleister Crowley*. Edição com apresentação de Israel Regardie. York Beach, ME: Weiser, 1993.

_____. *The Confessions of Aleister Crowley*. Editado por John Symonds e Kenneth Grant. London: Jonathan Cape, 1969.

_____. *Moonchild*. York Beach, ME: Weiser, 1992.

CROWLEY, Aleiste; DESTI Mary; WADDELL Leila. *Magick*. Livro 4, partes I-IV. York Beach, ME: Weiser, 1997.

GRANT, Kenneth. *Aleister Crowley & The Hidden God*. London: Muller, 1973.

_____. *Remembering Aleister Crowley*. London: Skoob, 1991.

REGARDIE, Israel. *The Eye in the Triangle: An Interpretation of Aleister Crowley*. Phoenix, AZ: Falcon Press, 1993.

SPENCE, Richard B. *Secret Agent 666: Aleister Crowley, British Intelligence and the Occult*. Port Townsend, WA: Feral House, 2008.

SUTIN, Lawrence. *Do What Thou Wilt: A Life of Aleister Crowley*. New York: St. Martin's, 2000.

SYMONDS, John. *The Great Beast*. London: Mayflower, 1973.

WILSON, Snoo. *I, Crowley: Almost the Last Confession of the Beast*. Oxford: Mandrake, 1997.

Escritos por Dion Fortune e sobre ela:

CHAPMAN, Janine. *The Quest for Dion Fortune*. York Beach, ME: Weiser, 1993.

FIELDING, Charles, COLLINS Carr. *The Story of Dion Fortune*. Loughborough, UK: Thoth Publications, 1998.

FORTUNE, Dion. *Moon Magic*. York Beach, ME: Weiser, 2003.

_____. *The Mystical Qabalah*, London: Williams and Norgate, 1935.

_____. *Psychic Self-Defence*, York Beach, ME: Weiser, 2001.

_____. *The Sea Priestess*. York Beach, ME: Weiser, 2003.

KNIGHT, Gareth. *Dion Fortune and the Inner Light*. Loughborough, UK: Thoth Publications, 2000.

RICHARDSON, Alan. *Priestess: The Life and Magic of Dion Fortune* (edição revista e ampliada). Loughborough, UK: Thoth Publications, 2007.

RICHARDSON, Alan; CLARIDGE Marcus. *The Old Sod: The Odd Life and Inner Work of William G. Gray*. London: Ignotus Press, 2003.

Geral:

COLQUHOUN, Ithell. *The Sword of Wisdom*: London, Neville Spearman, 1975.

GILBERT, R. A. *The Golden Dawn Companion*. London: Aquarian Press, 1986.

KING, Francis. *Ritual Magic in England*. London: Neville Spearman, 1970.

Para escrever ao autor

Se você deseja contatar o autor, ou se gostaria de mais informações sobre este livro, escreva a ele sob os cuidados da Llewellyn Worldwide e encaminharemos a correspondência. Tanto o autor quanto o editor apreciam as opiniões dos leitores, o quanto gostaram deste livro e como ele os ajudou. A Llewellyn Worldwide não garante que todas as cartas escritas ao autor possam ser respondidas, mas todas serão encaminhadas. Por favor escreva para:

Alan Richardson
c/o Llewellyn Worldwide
2143 Wooddale Drive, Dept. 978-0-7387-1580-3
Woodbury, MN 55125-2989, USA

Por favor, inclua um cupom postal internacional para a resposta.

Grande parte dos autores da Llewellyn tem sites com informações adicionais e recursos. Para mais informações, por favor, visite nosso website em http://www.llewellyn.com.

Nota do Editor

A Madras Editora não participa, endossa ou tem qualquer autoridade ou responsabilidade no que diz respeito a transações particulares de negócio entre o autor e o público.

Quaisquer referências de internet contidas neste trabalho são as atuais, no momento de sua publicação, mas o editor não pode garantir que a localização específica será mantida.

Este livro foi composto em Minion Pro, corpo 11/12.
Papel Offset 75g
Impressão e Acabamento
Orgráfic Gráfica e Editora — Rua Freguesia de Poiares, 133 — Vila Carmozina — São Paulo/SP
CEP 08290-440 — Tel.: (011) 2522-6368 — orgrafic.comercial@terra.com.br